GOLDMANN

*Zum Autor und Herausgeber*

Horst Herrmann, geboren 1940, Dr. theol. (habil.). 1970–1981 ordentlicher Professor des katholischen Kirchenrechts an der Universität Münster. 1975 Dekan. Wegen einer Denkschrift gegen das bestehende Verhältnis von Staat und Kirche 1975 Entzug der kirchlichen Lehrerlaubnis (der erste Fall in der BRD!). Seit 1981 ordentlicher Professor der Soziologie in Münster. Mitglied des PEN. Horst Herrmann hat 22 Bücher (in mehreren Sprachen übersetzt), 150 Beiträge zu religions- und patriarchatskritischen Themen sowie zahlreiche Kriminalgeschichten verfaßt. Er gilt als der profilierteste Vertreter seines Fachgebiets. In vielen Veröffentlichungen hat er kritische Themen behandelt und immer wieder – auch in den Medien – Denkanstöße für breite öffentliche Diskussionen geliefert.

*querdenken!* – die neue Sachbuch-Reihe
im Goldmann Taschenbuch:
Karlheinz Deschner: Was ich denke (12351/Mai 1994)
Eugen Drewermann: Was ich denke (12532/Juni 1994)
Horst Herrmann: Was ich denke (12515/Juli 1994)
Adolf Holl: Was ich denke (12537/August 1994)
Regine Hildebrandt: Was ich denke (12557/September 1994)
Jutta Voss: Was ich denke (12543/Oktober 1994)

QUER/DENKEN!

Herausgegeben von
Prof. Dr. Horst Herrmann

*Horst Herrmann*

# Was ich denke

GOLDMANN VERLAG

Originalausgabe

*Umwelthinweis:*
Alle bedruckten Materialien
dieses Taschenbuches sind chlorfrei
und umweltschonend.

Der Goldmann Verlag
ist ein Unternehmen der Verlagsgruppe Bertelsmann


Umschlaggestaltung: Design Team München
Umschlagfoto: Michael Dannemann, Düsseldorf
Satz: Uhl + Massopust, Aalen
Druck: Presse-Druck Augsburg
Verlagsnummer: 12515
Lektorat: Silvia Kuttny
Herstellung: Stefan Hansen
Made in Germany
ISBN 3-442-12515-4

1 3 5 7 9 10 8 6 4 2

Die Geistlichen machen einen Lärm, wenn sie einen Mann sehen, der frei denkt, wie Hennen, die unter ihren Jungen ein Entchen haben, welches in das Wasser geht. Sie bedenken nicht, daß Leute in diesem Elemente ebenso sicher leben, als sie im Trockenen.

*Georg Christoph Lichtenberg*

# Inhalt

# Wache Leute finden manches in Träumen

*Was ein Querdenker so treibt*

Eine Bibliothek des Querdenkens? Als widerständig profilierte und einem breiteren Publikum bekannte Theologen, Mediziner, Künstler, Naturwissenschaftler, Politiker, Literaten, Umweltschützer geben in den nächsten Jahren Auskunft über ihre Arbeit. Das ist neu und hat seinen Grund.

»Promis« erfuhren, wie wenig Talkshows und Podiumsdiskussionen, zu denen sie ständig gebeten werden, ihnen Gelegenheit geben, Anliegen sachgerecht und ausführlich darzustellen. Daher bot sich eine solche Reihe an, deren Herausgeber ich bin. Hier wird gesagt, was in Interviews nicht ausgeführt werden kann – und noch keinen entsprechenden Platz in Veröffentlichungen fand.

Der Mensch hinter der Sache: Für viele LeserInnen eine willkommen neue Erfahrung mit dem Lieblingsautor oder der favorisierten Autorin. Das Querdenken kommt dem kritischer werdenden Geist der Gegenwart entgegen. Wer gegen den Strom schwimmt, findet zumindest heute, wo die Verdrossenheit am business as usual der Funktionäre zunimmt, Interesse und Zustimmung.

Gretchenfragen liebe ich nicht; sie sind dutzendfach beantwortet. »Was ich glaube«, »worauf ich hoffe«, »was mich an meiner Kirche ärgert« und so fort: längst bekannt. Die einschlägigen Sammelbände bieten nicht selten bloße Zusammenschnitte aus früheren Büchern, Übernahmen bereits erschienener Texte von Lizenzträgern. Renommierte AutorInnen verdienen Besseres als Aufgüsse.

Daher werden in dieser Bibliothek – zusammen mit anderen Kolleginnen und Kollegen vom Fach, von denen man sich kritisch abheben oder denen man beipflichten kann – erstmals alle originellen Beiträge prägnant vorgestellt, die den Betroffenen im (inter-)kulturellen Gespräch wichtig erscheinen. Wieweit die Einblicke in das eigene Werk gehen, ob sie über Einflüsse und Wendepunkte im Leben Auskunft geben, ob sie auch Visionen für die Zukunft oder gar erste Vermächtnisse für Spätere enthalten, bleibt den einzelnen überlassen.

Bei den Taschenbüchern, die in dieser Reihe erscheinen, handelt es sich um *authentische* Darstellungen. Da keine Interpretation aus zweiter Hand vorgesehen ist, finden sich weder eine Einführung von seiten des Verlags noch ein spezielles Vorwort des Herausgebers. Wer mitmachte, schrieb sich sein Buch selbst und stellte darin seine Arbeiten und Ausblicke vor. Bei der Qualität der AutorInnen und bei der Zielsetzung des Gesamtwerks mag sich dies von allein verstehen. Es wird sich nichts daran ändern.

Vielleicht gelingt es sogar, zum Ende des Jahrhunderts ein Resümee des denkerischen Lebens unserer Zeit wie unseres Landes zu ziehen und in handlicher Form anzubieten: Wo stehen die einzelnen, wie machen sie die Perspektiven auf die Kultur aus, die sie vertreten oder ablehnen?

Persönliche Quererfahrungen nicht nur zu reflektieren, sondern auszusprechen, eigene Erlebnisse zu schildern, Hoffnungen und Enttäuschungen nachzukosten, Mängel zu kritisieren, macht den Schreibenden und den Lesenden hin und wieder auch Mut.

Nebenbei: Unsereinem wird keineswegs jeden Tag der Mut zum Querdenken geschenkt. Vergleiche ich nur die Marktanteile an Platz und Zeit, die hierzulande dem Status quo und seinen Verteidigern zustehen, mit denen, die der Kritik eingeräumt werden, möchte ich alle Hoffnung fahrenlassen. Die Medien, gerade die vermeintlich meinungsführenden und kritischen, machen keine Ausnahme.

Handelt es sich gar um Fragen von Religion und Kirche, gerate ich noch immer ins Staunen. Was sich beispielsweise die *Süddeutsche Zeitung* auf diesem Sektor leistet, hinkt hinter der Diskussion her, erreicht nicht das Niveau der übrigen Beiträge, beweist wenig Gespür für Künftiges. Ich lese diese Zeitung täglich, finde Würdigungen von heimgegangenen Kirchenfürsten, an die sich keiner mehr erinnert, Hofberichte über die Not einiger Bischöfe mit Seelsorge und Klerus, mehrspaltige Zölibatsstories aus Bayern und sonstwoher, maßvoll distanzierte Beiträge zu fundamentalistischen Sekten sowie Texte von den offenbar sozialverträglichsten Theologen der Gegenwart.

Berichtet ein Lokalblatt mehrspaltig, der allseits beliebte Kaplan sei mit einer Meßdienerschar unterwegs oder der Pastor von St. Nimmerlein äußere sich zum § 218 StGB oder zu anderen Problemen der Gegenwart, von denen er im Bistumsblatt las, so nehme ich dies gelassen hin. Weiterreichende, das Klerikermilieu überschreitende Aussagen sind von solchen Zeitungen nicht zu erwarten. Doch unterscheidet sich, auf anderem Level, die Berichterstattung der *Süddeutschen* von der einer x-beliebigen Regionalzeitung? Hört nicht auch das Weltblatt vorzugsweise auf irgendwelche klerikale Autoritäten, mißt diesen ein Gewicht zu, das sie nie hatten oder bekommen werden? Beschreibt und kommentiert sie nicht immer wieder, was ein Kardinal sagte, segnete, weihte? Was nötigt ihr noch solchen Respekt vor Kirchenfürsten ab?

Über inner- und außerkirchlich vorwärts treibende Bewegungen, Bücher, Personen schweigt das Blatt auffallend häufig. Unsereins vermißt gewiß nicht jene Haltung halbdistanzierten Entgegenkommens, die einer Redaktion, man kann nie wissen!, gegenüber Bischöfen angebracht erscheint. Nein, die Zeitung nimmt sich nicht einmal die Zeit für einen grundsätzlich kritischen Kommentar. Beispiele, die mir (wie vielen anderen) seit Jahren auffallen? Ein Querdenker wie Karlheinz Deschner, der bedeutendste Kirchenkritiker unserer Zeit, rangierte in der Berichterstattung der letzten Jahre weit hinter einem Pfäfflein, das gerade seine Schwierigkeiten mit der momentan Geliebten offenlegen mußte. Das Thema Caritas und Diakonie in Deutschland, meiner Meinung nach eine finanzielle Mogelpackung ohne Beispiel, ist dieser Zeitung keine Zeile wert. Haben Fragen, die alle Bundesdeutschen berühren und zig Milliarden DM aus allgemeinen Steuermitteln betreffen, denn keinen Nachrichtenwert? Wie soll ich dies Schweigen nennen, dem sich im übrigen andere Medien nicht anschließen? Verweigerung von Diskussion? Nachrichtenunterdrückung auf liberal?

Ein Symptom bundeskultureller Offenheit für Querdenken: Die *Süddeutsche Zeitung* hat Besseres, sprich: amtskirchlich Bestimmtes (und Vorzensiertes) zu berichten. Nicht von ungefähr öffnet sie ihre Spalten mit Vorliebe für Meldungen aus dem Milieu, für Nachrichten der einschlägig bekannten Lobby, der Katholischen Nachrichten-Agentur (KNA), für die Nebenbemerkungen irgendeines Oberhirten aus Rom, Köln, Fulda, der nicht grundlos schon heute unwichtig ist, von der Zukunft zu schweigen. Bemerkenswert, daß die Berichte der *Süddeutschen* offenbar nicht über den aktuellen Glaubenshorizont und Wissensstand einer für »Kirchliches« zuständigen Redaktion hinausreichen.

Was Talkmaster bieten, mögen sie Meyer, Müller, Meiser heißen, ist ähnlich gestrickt: Kirche ist gerade mal ein Thema, Kirchenkritik zumal, also macht man eine Sendung, lädt Profis ein, hetzt Promis aufeinander, hakt Probleme ab. Denn allzuweit sollte man kein Denken treiben lassen, will man Ärger vermeiden. Also Wort abgeschnitten, Kritik abgelenkt, Rundfunkrat beruhigt, Amtskirche gerettet. Fast alle Medienleute, die ich erlebte, biederten sich an, flüsterten mir, sie hätten längst mit der Kirche gebrochen, und gaben sich, kaum waren Mikrofon und Kamera eingeschaltet, päpstlicher als der Papst. Auch wenn ich pro Jahr zwei dutzendmal im Fernsehen auftauche, gerade deswegen: Querdenken macht einsam im Vaterland der Deutschen.

Denken bedeutet, die Phantasie des Herzens zusammenzunehmen, gewohnte Gefühlsgrenzen zu überschreiten, Horizonte des Kopfes immer wieder weiten zu lassen. Ich danke den Autorinnen und Autoren für den Mut, zu sich zu stehen, mehr als üblich preiszugeben, das Glatteis einer Selbstdarstellung zu betreten. Zumindest bei Männern ist dies noch immer ungewöhnlich. Wer offen erzählt, legt Angriffsflächen frei, und nicht jedem Gepanzerten paßt ein offenes Visier ins Kampfeskonzept. Doch nur wer sich öffnet und gleichsam schutzlos der Kritik (gerade der Gegenkritik) aussetzt, gibt sich als Mensch zu erkennen und zieht die Sympathie wenigstens jener auf sich, die nicht nur Maschinen mögen.

Ist nicht jede Veröffentlichung exhibitionistisch? Gibt nicht jede irgendwelchen selbsternannten Deutern Gelegenheit, ein Psychogramm des Autors zu erstellen? Auch der sich objektiv gebende, professoral fußnotenbestückte, zünftig beschränkte Text? Kann sich unsereins überhaupt hinter Wort, Stil, Methode verstecken? Verraten nicht schon Wahl oder Nichtwahl eines Themas den Verfasser? Es macht beispielsweise schon einen Unterschied, ob ein Mensch unermüdlich das gedeihliche Wirken des jeweiligen Heiligen Vaters bejubelt, ein anderer sich für das Schweigen über den Vatikan entscheidet oder ein dritter die Unsumme päpstlicher Fehlbarkeit aufzeigt.

Wie oft hörte ich, nach so vielen kirchenkritischen Büchern solle ich endlich etwas Positives schreiben! Zum Beispiel einen schön frommen, aufbauend kritischen Text über die real existierende Kirche, über Maria, Fatima, Rosenkranz beispielsweise. Wir brauchen Leute wie Sie! Bedenken Sie das Mysterium, und identifizieren Sie sich mutig mit dem konkreten Gottesvolk, statt immer nur auf Mutter Kirche einzuschlagen! Sie sind und bleiben doch ihr Priester, ihr Sohn!

Wer so heimtückisch argumentiert, offenbart Absicht. Von der Last des Kritikerberufs versteht er so wenig wie von dessen Würde; um so mehr beanspruchen ihn die Interessen seiner Lobby. Diese zu vertreten ist meine Aufgabe nicht. Schultheologen, die ihr Forschen in vorgegebene Bahnen lenken, finden sich noch genug; ihre Zufriedenheit teilen zu sollen, ist Zumutung.

Was charakterisiert Querdenker? Vom alltäglichen Angebot mehr aufzunehmen als andere, der Selbstverständlichkeit keinen Rang zuzuerkennen, sondern dem Gewohnten weniger Gewicht zuzumessen als üblich, Erfahrenes anders als die vielen zu bedenken und zu beschreiben, macht ein Leben aus, das auf nicht wenige abweichend wirkt. Die Geistesgeschichte verwendet für eine solche Existenz, falls und insoweit sie sich im Religiösen bezeugt, den Namen Ketzer; diesen in den Schmutz getreten, seine Träger an Leib und Leben geschädigt zu haben, bleibt ein Spezifikum der massenhaft kriminellen Energie im Kirchenfürstentum.

Ketzer leben nicht wie die Herde der orthodox Gläubigen aus der Notwendigkeit, fremde Wahrheiten – und gar Lehrsätze – als irrtumsfrei annehmen zu müssen, und dies womöglich noch, um irgendein Seelenheil zu garantieren. Sie relativieren, aus innerem Zwang, aus Vernunftgründen, aus Treue zum Denken, in unverbrüchlicher Solidarität mit sich selbst, die dogmatischen Vorgaben. In solchem Zweifel steckt nicht jene Verzweiflung, die ihnen gern an den Hals gewünscht wird, sondern der Ansatz zu Meinungs- und Willensfreiheit, menschlichem Selbstand, humaner Würde. Dies von einzelnen vertreten zu sehen, erschreckt viele.

Eine Quelle verweist auf alternative Bezeichnungen: Querkopf, Querulant, Rechthaber, Dickschädel, Herostrat, Fanatiker, Eiferer, Nestbeschmutzer. Wer auch nur eine geringe Erfahrung mit seinem Denken gewann, dürfte ähnlichen Bezeichnungen zuhauf begegnet sein, in Rezensionen, Leserbriefen, Interviews.

Auffällig, wie viele dieser Namen, wenn nicht alle, unter uns negativ besetzt bleiben; jeder kann in sich hineinhorchen und die Probe aufs Exempel bei sich und anderen machen. Ein Querkopf sein? Sich als Rechthaber sehen? Von Berufs wegen sein Nest beschmutzen? Keine leichte Sache, bestimmt nicht. Eine schwere Last gar, lebenslang zur Entscheidung zu stehen – und sich nicht nur während einiger kritikfreundlicher, kirchen- und politikverdrossener Phasen vernehmen zu lassen. Kritisch muß ein Mensch ein Leben lang sein, in guten wie in bösen Tagen – oder es besser gar nicht erst anfangen. Schließlich gibt es weniger beladene Berufe; Bischof zum Beispiel.

Die allgemein anzutreffende Emotion wider die Widersprechenden ist Ausdruck gelungener Erziehung zum vorgeblich Ordentlichen, Geregelten, Normalen. Schwierig, sein Denken in eine Sprache zu kleiden, die »Weltverbesserer« nur als Schimpfwort kennt. Und doch muß es sein.

Bietet dasselbe Buch für »Kritiker« die Synonyme Krittler, Nörgler, Beckmesser, Spötter, Lästerzunge und Zyniker an, weiß unsereins, woran er ist. Ich stehe nicht an, die in meinen Beruf gesetzten Erwartungen nach Möglichkeit zu erfüllen. Den Gefallen tue ich den Geradeausdenkenden gern. Lieber noch, da ich eben die herzigen Fragen eines Gottesmannes las: »Ist es ein Zufall, daß unser Fragezeichen die Form einer Schlange hat? Daß sich unser Tonfall bei Zweifeln schlängelt?« Gut, Mönchlein, unsereins gehört nicht in dein Paradies. Wir bleiben den Schlangen treu.

In einem Werkstattgespräch um den Brei herumzureden, verbietet sich mir, und geradezu unästhetische Erinnerungen werden gegenüber reiner Renegatenliteratur wach: Wer mit der Kirche seiner Jugend brach, wer Glauben und Gott aufgeben mußte, um wieder zu sich selbst zu finden, braucht Beschönigermemoiren zuletzt. Er dient der Wahrheit seines Lebens, indem er sie denen streitbar klar aufzeigt, die sehen und hören können. Wer den üblichen Kommentatoren, Rezensenten, Biographen nähersteht, mag sich schon jetzt im Feuilleton feiern lassen.

Eine Skizze für Memoiren soll nicht sein, was ich beim Nachdenken über mein Denken erzähle, wohl die eine oder andere Merkwürdigkeit aus meinem Leben als Kritiker der Kirche und der sie tragenden patriarchalen Gesellschaft. Ich plane nichts Generelles, Unverbindliches, keine Fußnotenwissenschaft, kein Fachgespräch unter den ohnedies Wissenden, sondern einen Versuch, den Dialog mit den Lesenden zu eröffnen.

Aphorismen, Gedichte, short stories streue ich bewußt ein: Der Mensch soll möglichst ganz sichtbar werden, soweit er sich denn in Texten darstellen läßt. Was eingeschoben ist, läßt seine Schlüsse offen. Daß andere Gleiches erfahren haben könnten, spricht weniger gegen die Individualität der Erzählung als für ein Milieu. Im Zufälligen, Anekdotenhaften ist das Notwendige zu sehen.

# Mein Milieu meisterte mich nicht

*Weshalb mich nicht wundert,*
*daß ich fröhlich bin*

Eine Entschuldigung zuvor. Gerichtet an die Gestrengen unter den LeserInnen, die keinem Autor eine Abschweifung durchgehen lassen, weil sie sonst ihr Geld wie ihre Zeit fehlinvestiert wähnen. Ich schreibe diesmal kein formal gezirkeltes oder gar wissenschaftlich hochgespanntes Buch. Die gibt es überall zu kaufen. Ich sage lieber unter Lachen die Wahrheit, verstecke Wirklichkeit in Geschichten, erzähle frei von der Leber oder von sonstwas weg. Und ich scheue jene freien Assoziationen noch weniger als sonst, die mir entschiedene Rezensenten vorhalten – und die mir soviel Spaß am Schreiben machen. Griesgrämige mögen zu Werken greifen, die übersäuerten Mägen besser bekommen.

Ich habe nun mal Lust zu fabulieren, freue mich, wennschon – dennschon, am Weiterspinnen, Kombinieren, Assoziieren. Mein Material ist nur insoweit geordnet, als es gerade noch geht, ohne daß ich mich verzettle. Daher komme ich immer wieder, von Stichwörtern angeregt, vom Hölzchen aufs Stöckchen. Hauptsache, es bereitet Lesevergnügen. Mir machte das Schreiben jedenfalls Freude wie seit langem nicht mehr; vielleicht die streng antipatriarchalen Kriminalgeschichten ausgenommen, die ich, ohne Pseudonym, in den letzten Jahren veröffentlichte.

Die Moral von dieser jetzigen Geschicht', wenn es denn eine sein muß, findet sich bereits zu Beginn der Erzählungen über das, »was ich denke«: Ich wundere mich nicht mehr über mich selbst, wenn ich mich dabei ertappe, daß ich immer noch lachen kann. Diese Fröhlichkeit kommt nämlich aus einer anderen Ecke als früher, ist nicht mehr naiv gläubig, baß erstaunt, vertrauensselig. Sie reicht stark an Wehmut heran.

Doch die Rollen eines Tränenpropheten, eines Neue-Gemeinde-Gurus oder eines leidenden Gottesknechtes erachte ich als unpassend; dafür sollten Querdenker sich zu schade sein. Wer sich mit einer Großorganisation wie der Kirche anlegt, muß nüchtern wissen und einkalkulieren, mit welcher Macht er es zu tun bekommt, oder es ganz bleiben lassen und Lyriker werden. Wer da noch beleidigt ist, wo er offen wie heimlich verlästert wird, steht erst am Anfang seines sozialen Wissens. Wer gar die praktische Religion und ihre Folklore kritisiert und dabei Zehntausenden von Nochgläubigen Sicherheiten nimmt, Krücken und Stützen zerbricht, Zweifel beschert, wird bald erfahren, daß auch Schafe zuschnappen können.

Aus der mühsam erworbenen Ambivalenz zwischen Freude und Trauer schöpft meine Arbeit Mut: Solche Trauer läßt mich nicht bloß klagen und damit sozial verstummen, sondern heißt mich zornig werden, auf dem Gebiet, von dem ich etwas verstehe, der Kirche, nach Verantwortlichkeit suchen und diese, in Strukturen wie Personen, beim Namen nennen. Ein Bischof sagte mir, noch bei keinem Menschen habe er einen so tief wurzelnden Zorn erlebt. Aber ich muß über alldem auch fröhlich bleiben: Anders lähmte mich längst das über die Medien in die Studierstube schwappende oder das in Briefen hundertfach an mich herangetragene Leid.

Der Gottheit der Großkirchen, nicht mir, mag es die Sprache verschlagen, wenn sie erfährt, daß in den vergangenen zehn Jahren mehr als 1 500 000 Kinder bei bewaffneten Konflikten getötet wurden, weltweit vier Millionen »Kindersoldaten« dauerhaft körperbehindert sind und fünf Millionen Kinder durch Kriege ihre Heimat verloren haben. Gott, wie ihn die Kirchen lehren, kann auch nach wie vor dazu untätig schweigen, daß allein 1992 mindestens zehn Millionen Kinder und Heranwachsende psychisch geschädigt wurden und viele von ihnen lebenslang beeinträchtigt bleiben. Wo bleibt dieser liebe Vater, wenn er wirklich gebraucht wird? Die USA, nach eigenem Anspruch SEIN eigenes Land, geben pro Tag zehnmal mehr Geld für einen Soldaten aus als für ein Schulkind.

Kein Grund zur Trauer? Kein Anlaß, der Sache auf den Grund zu gehen, laut zu rufen, zu handeln? Bisher erklärten philosophische Theorien allein die Erwachsenenwelt, versuchten diese auch zu ändern, mit wechselndem Mißerfolg; den Traum von einer möglichen Kindeswelt hatten sie bereits früh ausgetrieben bekommen.

Ich nenne unbedingten Einsatz für Kinder »Infantismus«. Herrschten freundlichere gesellschaftliche Umstände, müßte dieser Oberbegriff ähnlich handlungsträchtig sein wie der »Feminismus«. Aber so hoch hinauf zu den Kindern will ein richtig erwachsen gemachter Mensch nicht greifen. Schon eine von Grund auf gewandelte, die Herrschaft der Erziehungsberechtigten umstürzende Kindessorge lohnt sich für Eltern, Lehrer, Pfarrer am allerwenigsten. Daher lassen sie die Finger davon. So können wir die alternativ mögliche Welt des Kindes nur erahnen.

Darüber bin ich traurig. Danke, daß ich unseren Kindern immer wieder Frohsinn abgucken darf. Allein diese Erfahrung mit dem vollen Menschsein des Kindes hätte gerechtfertigt, daß ich den zölibatären Status gegen Besseres tauschte, hätte dieser Schritt einer Rechtfertigung bedurft. Schmerzlich jedoch, wie häufig ich auf diese Weise den Abstand zwischen Kindern und Erwachsenen erfahre, diese tiefste Distanz unter Menschen, die Kluft zwischen Freiheit, Phantasie, Spiel und Norm, Zwang, Gehorsam.

Über dreißig Jahre verbrachte ich – eher ohne als mit Bewußtsein – in einem durch und durch patriarchal strukturierten Milieu, dessen sogenannte Seelsorge sich euphemistisch nach der Mutter Kirche nennt, um Vatergewalt gegen die »Kinder Gottes« durch Mutterliebe zu verhüllen.

Dieses Thema, das individuelle wie das allgemeine Verhältnis von Gewalt und Liebe, begleitet mich seit langem. Ich halte es für eben erst angereizt. Es wurde über Jahrhunderte hinweg bewußt ausgespart, vertuscht, versiegelt, gerade weil Gewalt und Liebe so eng verknüpft sind, nach meiner Meinung in Herrschaftssystemen sogar unauflöslich verbunden bleiben. Ich komme auf das Problem noch zu sprechen; die Suche nach Lösungsansätzen beschäftigt mich wie nichts anderes.

Im Lauf einer geistlich enggeführten Zeit, also verschlossene drei Jahrzehnte lang, lernte ich eine Menge von Kirchenvätern kennen. Manchen von ihnen schätzte ich, bei Gelegenheit, liebgewonnen habe ich keinen. Kein einziger war danach.

Das muß einer erst einmal erlebt haben: Männer, die sich im Besitz einer höheren Berufung als wir gering Geborene, Gewordene, Gebliebene glauben, Kleriker, die Tag für Tag, sonn- und feiertags verstärkt, ihre Gottheit und deren theologische Ableitungen im Munde führen, Pfarrer, Prälaten, Bischöfe, Kardinäle, Päpste, die da so verdammt professionell vom Christlichen, Karitativen, Himmlischen plaudern – und kaum einer von ihnen erreicht auch nur entfernt sein, unser Ideal als Mensch.

Verlange ich zuviel? Erfuhr ich noch nicht, was alle wissen, daß nämlich die Kirche aus fehlerhaften Menschen besteht? Eine Kirche der Sünder ist, wie Theologen vorlaut und vorsichtig zugleich argumentieren? Ich bleibe dankbar und fröhlich; ich ließ mich nicht von solchen Predigern korrumpieren. Sie reichten nicht an mein Zentrum heran.

Keine falsche Erwartung, bitte nicht! Spreche ich klerikale

Korruptionen an, meine ich weder ökonomische noch sexuelle. Beide Spielarten finden sich in Kirchenkreisen zuhauf, doch nie mußte ich eine von ihnen erleiden, nie wurde ich im landläufigen Sinn verführt. Worin die Verführungsabsicht bestand, die Kirchenväter mir gegenüber wagten, als sie nur mein Bestes wollten? In hundert und aberhundert Versuchen der Kopfwäsche, der Ausbeutung von Gefühlen, der Fesselung des Denkens.

Gewiß kann sexueller und geistiger Mißbrauch nicht so scharf getrennt werden, wie gegenwärtig suggeriert wird. Kein Täter stürzt sich unvermittelt, grundlos, legitimationsfrei auf sein Opfer. Stets muß er, hält man nicht an der dümmlich weitverbreiteten »Dampfkessel«-Theorie vergangener Zeiten fest, sein Opfer erst geistig nach unten und sich selbst gewaltig nach oben definiert haben. Um Kinder oder Frauen sexuell mißbrauchen zu »dürfen«, müssen Köpfe verdorben sein: Hirne von Gewalttätern (Männern, Vätern) in jedem Fall, oft auch Köpfe und Herzen von – demutsbereiten – Opfern, von ideologisch nach unten gedrückten Frauen und Kindern. Ohne vorangegangene Korruption des Kopfes tut kein Geschlecht sein Werk.

Ich versuche ein Beispiel und hole ausnehmend weit aus; der Gegenstand fordert dies. Schon als Theologiestudent erlebte ich, wie ein Kaplan bei Nacht und Nebel weggeschafft werden mußte: Er hatte ein gutes Dutzend Meßknaben um sich gesammelt und nicht nur zu gemeinsamem Gebet. Was in der klerikalen Literatur von vornherein verschwiegen oder subtil umschrieben wird, war praktisch geworden, vielfach, verächtlich.

Keine Denunziation, bestimmt nicht, wirkte dieser geistliche Herr doch zu einer Zeit, die sich kaum mit der heutigen vergleichen läßt. Schließlich war er ein Kleriker der Adenauer-Ära und als solcher – wie viele gar auf Dauer? – geistig verbildet und in Gefühlen verklemmt. Wer die Methoden klerikaler Erziehung »auf geschlechtlichem Gebiet« im Wortsinn am eigenen Leib erfahren mußte, lernte zur Genüge, daß da ausschließlich auf Sublimierung, ja auf Gnade gesetzt wurde, auf eine Überhöhung in angeblich süßester Christus- und Marienminne, die verhindern sollte, daß irgendwelche geistlich-männlichen Dampfkessel explodierten.

Besonders erfolgreich war die Methode weder in der Geschichte, noch ist sie es in der Gegenwart der Kirchen, auch wenn Bistumsblätter das Thema nicht angehen und Informationen zurückhalten. Übrigens versagte die klerikale Erziehung zum vermeintlich Hohen auch in anderen Fällen: Die Zahl suchtkranker Kirchenbediensteter in Deutschland ist so überdurchschnittlich hoch, daß sich die Thesen von der Berufung und der »Amtsgnade« längst als unbegründet erwiesen. Nicht jeder, der zu Höchstem berufen sein soll, besteht den menschlichen Alltag.

Schlimm handelte jener Kaplan, schäbiger, die ihn formten. Und heute will es wieder keiner gewesen sein: Eine der furchtbarsten, weil unmenschlichsten Erfahrungen mit der Kirche ist für mich die, das von früheren Klerikern der Herde hunderttausendfach angetane, ideologisch verbrämte Unrecht von heutigen, angeblich moderner, progressiver denkenden Hirten schnöde geleugnet zu sehen.

Lust, der Welten lauteres Wort,
Fiel Sittenprofis
Ins schmutzige Maul.

Hurtig die Körper halbiert!
Ehre da oben, und unten die Scham.
Nun lebt Liebe nach Norm,
Und Madonna schlägt Venus im Bett.

Losglück der Ehen,
Tage der Frau, Nächte des Mannes,
Kindersegen ein Fluch,
Treue der tägliche Tod.

Geile Freude der Prediger,
Nirgends Schuld, kein Geständnis.
Obszön sind die Reinen.

Wer an solche und ähnliche Formen der Menschenverachtung erinnert, wer sie überhaupt wahrnimmt, darf auf seinen seherischen Beruf stolz sein. Hierin kenne ich ebensowenig Bescheidenheit wie andere. Oder soll ich gesicherte Erkenntnis irgendeiner mönchisch dumpfen Demut opfern, mit Klerikern über Fakten feilschen, mir von Betroffenen Aussagen über den geistlichen Unwert ihrer Kirche abhandeln lassen?

Denen, die die sogenannte Sinnfrage zu stellen dressiert wurden, sei in diesem Zusammenhang gesagt: Religiösen Unsinn zu entlarven ist Sinn eines wissenschaftlichen Lebens genug. Nicht jeder darf ähnlich scharf sehen, und Kleriker halte ich denn auch seit langem für blinde Führer von Blinden. Je höher ein Hirt steigt, desto mehr versperrt er sich die Aussicht auf die Menschen da unten.

Päpste, Bischöfe, Pfarrer brauchen nachweislich länger als andere Menschen, Wahrheiten einzusehen und sich ihnen zu stellen; manche erkennen sie ohnedies nie. Diese Erfahrung schließt gewiß eine Frage nach der praktischen Wirksamkeit des Geistes ein, der eben seltener in Richtung Kirche bläst als sonstwohin. Doch werden die Kirchenfürsten schließlich ähnlich erleuchtet wie die übrige Welt, erlauben sie sich eine öffentliche Wende und tun so, als habe es nie ihr Gestern gegeben.

Der als Religionskritiker noch viel zu wenigen bekannte

Mark Twain zum passenden theologischen Hinterhalt: »Priester vergessen, daß Gott der langsamste Kraftentfalter im Weltall ist und daß sein Auge, das nie schläft, es wohl doch tut, da er ein Jahrhundert braucht, um etwas zu sehen, was jeder sonst in einer Woche sieht; daß es kein Beispiel in der Weltgeschichte gibt, wo er eine edle Tat als erster gesehen hätte, sondern daß er immer erst da sieht, wo jemand anders schon gesehen und auch gehandelt hat. Dann langt er an und streicht seinen Anteil ein.«*

Ein verschlafener Gott, der die Seinen einen verspäteten Ruhm einfordern läßt, der ihm am allerwenigsten zukommt? Ein Gott auch, dessen Bekenner besonders gern Kapital aus den Leistungen anderer schlagen, erst später freilich, nachdem sie erkannten, wieviel da zu holen ist? Ich weiß, wie viele andere meinen Ekel teilen, einmal von denen beerbt zu werden, die gegenwärtig unsere Arbeit mißachten. Mir wird speiübel, denke ich daran, daß wir uns nicht dagegen wehren können, die Resultate unseres Denkens von einer perfiden Kirche anerkannt, übernommen, getauft zu sehen. So wird unsere Arbeit weniger in der Gegenwart als in der Zukunft entwürdigt.

Voller Geringschätzung stelle ich über Gottes Eintreiber fest: Niemand im Kirchenfürstentum schämt sich seines Erbes, kein einziger Hirte betreibt Wiedergutmachung, vielmehr suchen alle die eigene, schuldhafte Verspätung in Sachen Moral, Recht, Dogma zu vertuschen. Nichts war so schlimm, plärren sie bei dieser Gelegenheit, wie es die Opfer empfanden.

Wer heute so redet, mißachtet das frühere Leid. Ich nenne nur ein Beispiel: Das inhumane Recht für Mischehenpaare, die unbeugsam harte Forderung nach katholischer Trauung und Kindererziehung. Hier beugten sich die Kirchenherren nach

* Zitiert bei: T. Ayck, Mark Twain, in: K. Deschner (Hrsg.), Das Christentum im Urteil seiner Gegner (München 1986), S. 331 f.

unwürdigem Gezerre dem Sachzwang und lockerten die langjährig eingeschärfte Norm. Doch entschuldigte sich ein Hirte für das Leid, das seinesgleichen mit Hilfe der mittlerweile abgeschwächten Paragraphen in Millionen Ehen und Familien trug? Nein, diese Größe bringt keiner auf; der Mangel ist hirtentypisch.

Was nur werden die bisherigen Priester zu hören bekommen, nachdem der Zölibat für die künftigen fiel? Was die Eheleute, die sich ein dürftiges Geschlechtsleben lang an das unsinnige Verbot der Geburtenkontrolle hielten, wenn dieses einmal gemildert oder aufgehoben sein wird? Ich glaube die kurialen Pappenheimer zu kennen: Ringt sich Rom endlich zu einer Wende durch, findet es bestimmt kein einziges Wort der Entschuldigung für das allein von sogenannten Seelsorgern verschuldete millionenfache Unrecht. Was wenig erleuchtete Hirten, die sich da auf Bischofskonferenzen, Synoden und Konzilien befriedigten, ihren Herden antaten, wird ungesühnt bleiben wie eh und je.

Doch die Ehefrau, die vor wenigen Jahren im Beichtstuhl angegiftet und diffamiert wurde, weil sie Verhütungsmittel zugelassen und diese vernünftige Tat als »Sünde der Unkeuschheit« gebeichtet hatte, zeugt gegen die Institution, die sich nicht einmal für ihre Todsünden entschuldigte, die gegen das Lebensglück der Menschen gerichtet waren. Der pubertierende Junge, der vor kurzem jeden Samstag dieselbe »geheime« Sünde beichtete und dessen Leib und Leben Stück um Stück gedemütigt wurden, klagt gegen den Pfaffen, der im Beichtstuhl für eine Organisation tätig ist, die weder öffentliche Scham noch öffentliche Reue kennt – und auch damit weit von menschlicher Würde entfernt bleibt.

Weil Beichtstühle zur Zeit noch leerer sind als sonst, können »Sünder« und »Sünderinnen« mittlerweile auf mehr Verständnis hoffen; schließlich ist mancher Pfarrer froh, wenn er überhaupt noch Kundschaft hat. Aber sind Sünden, die vor Jahren noch unnachgiebig als solche galten, plötzlich keine mehr? Holte der Zeitgeist seinen Klerus endlich ein? Wer besonders unmoralisch sein will, erstelle Gesetze, die zu schwer für Menschen sind, lasse sie übertreten, neige sich daraufhin den Fehlenden zu und verspreche ihnen, bis zum nächstenmal, seine Absolution. Dieses Vorgehen klassifiziert Menschen, schafft wie kein zweites Herren und Knechte.

Hoffentlich bemerken immer mehr Kirchengläubige, daß gerade jene Organisation, die ständig Sünde, Reue, Buße predigt, sich selbst mit Vorbedacht ausnimmt. Fensterpredigten zu halten ist zuwenig, wo Taten gefordert sind. Nur die dümmsten Schafe dürften sich auch künftig mit Sonntagsreden zufriedengeben. Die Mehrheit verläßt den Pferch für immer; inzwischen ist es bereits eine halbe Million pro Jahr, die aus den deutschen Kirchen auswandert.

Zurück zum Beispiel Sexualität. Mit 50 schrieb ich »Die Angst der Männer vor den Frauen«. Mir fällt erst heute auf, daß dieses Buch, das Dutzende von Interviews nach sich zog und mich unter anderem auf den »Heißen Stuhl« brachte, keine alltäglichen Vorkommnisse aus dem Klerus enthält. Wahrscheinlich verspürte ich ebensowenig wie früher auch nur die geringste Lust, mich mit der aufgesetzten Tragik zur beschäftigen, die das Liebesleben katholischer Pfarrer prägt. Für Voyeure zu recherchieren, das erlaube ich mir nicht; dafür hält sich die Gesellschaft Magazine. Bezeichnend für den Zustand im Pferch, daß sich überhaupt noch Bücher über derlei Bagatellen schreiben und lesen lassen.

Ich habe es hinter mir. 1972, als ich noch so eben an die Reformfähigkeit einer klerikalen Institution zu glauben suchte, machte ich sehr konkrete Vorschläge zum Thema »Der priesterliche Dienst von morgen« und, nebenbei, zur Zölibatsfrage; der führende Theologe jener Zeit, Karl Rahner SJ, schrieb die Einführung zu diesem Buch. Damals flüsterte er mir, seinem Fakultätskollegen, meine Optionen seien in hundert Jahren nicht verwirklicht. Ich war noch sehr jung und töricht genug, die Sache auf sich bewenden zu lassen und anzunehmen, alles sei gesagt, wenn ein Professor ein Thema erschöpfend behandelt habe.

Auch das genannte Buch enthielt keine voyeuristisch zu verwertende Stelle. Und noch immer bin ich so dumm, auf die Sache statt auf – verkaufsfördernde – Pikanterien zu setzen. Noch immer vertraue ich, Verlage sehen dies zuweilen anders, auf die Klugheit von Leserinnen und Lesern. Wer sich für die schlüpfrige priesterliche Gegenwart interessiert, soll anderswo nachschlagen. Ich stelle klar: Keine in Büchern oder Zeitschriften wiedergegebene Bettgeschichte brach je die päpstliche Verhärtung auf, kein einziges aufgedecktes Ärgernis machte das sogenannte sechste Gebot, besser: das vatikanische Sexualstrafrecht humaner. Kann die Kirche überhaupt mit etwas sorglos leben, dann mit Sexskandalen. Darin verfügen ihre Hirten über eine zweitausendjährige Erfahrung.

Kennt die Welt keine wichtigeren Probleme als die katholischen? Soll ein Kirchenkritiker just jene Schafe literarisch bedienen, die sich klammheimlich darüber freuen, daß ihre Hirten im Bett auch nicht besser zurechtkommen als sie selbst? Muß er Bücher über die sexuellen Tragikomödien schreiben, die noch immer nicht vom kirchlichen Spielplan gestrichen wurden? Für wen ist noch interessant, daß das angeblich Unaussprechliche lange nur auf lateinisch erklärt werden durfte? Gaben nicht inzwischen die meisten die Übung dran, samstags blinde Beichtspiegel abgefragt zu werden, sündauf, sündab der gleiche Trott?

Oder malt, wie einst an einer päpstlichen Universität in der Vorlesung zum kirchlichen Eherecht (Impotenz, geschlechtlicher Vollzug der Ehe!), noch immer ein Jesuitenprofessor

Genitalien (männlich, weiblich, zwittrig) mit der rechten Hand an die Tafel, um sie mit links sofort wieder wegzuwischen? Wer verlangt von mir weitere Auskünfte über jene Priester, die Ende der sechziger Jahre an Sonntagnachmittagen in Rom ausschwärmten, um andere Kleriker dabei zu beobachten, wie sie, Talar hochgeschoben, Hose aufgeknöpft, Frauen gegen Wände preßten? Nicht nur einmal hörte ich Beobachter renommieren; sie sind längst in Amt und Würden, Professoren, Prälaten.

Ist es eine Erinnerung wert, daß wir jahrelang nach dem Motto »Schlagt sie nieder, die Augen!« den Zugang zum anderen Geschlecht erlernen sollten? Muß ich den Schleim wiedergeben, den ein Oberpriester in seine Befragung legte, bevor die Berufung zum Eunuchentum, diese Gnadengabe besonderer Art, amtlich anerkannt und folgerichtig das Plazet zur Priesterweihe erteilt wurde? Haben Sie jemals ein Herz gebrochen? fragte mich 1963 allen Ernstes ein violett Gewandeter, der wohl an das Heidenröslein – an Schlimmeres – dachte. Ich hatte nicht. Ich kannte gar keine Rosen, wußte sie weder auf der Heide noch sonstwo blühen. So erteilte mir ein freudig erregter Prälat Spruch, Segen, Schein. Den heiligen Weihen stand nichts mehr im Weg. Ich war berufen.

Schließlich hatte ich doch noch Glück, erwachte aus der Betäubung, entkam nach vielen Jahren, gewann mein Leben zurück. Um so häufiger verspüre ich Mitleid mit Priestern, die ein Leben lang ungeküßt blieben oder, der heiklere, da oft folgenreichere Fall, erst mit vierzig den ersten Kuß ihres Lebens bekamen, einen als sündig erlebten zwar, aber immerhin einen echten. Tieferes Mitleid noch habe ich mit den Frauen, die den Zurückgebliebenen begegnen – und nicht selten von einem derart unfertigen Menschen den Dienst als Geliebte, Ehefrau angetragen bekommen. Die Frage nach Tätern und Opfern stellt sich von neuem, das Problem der

Definition des Berufenen ist angesprochen, die geistliche Korruption sowieso.

Da wir nun schon beim Gegenstand sind: Nie hätte ich, immerhin 17 Jahre lang eheloser Priester und gelernter Hochschultheologe, mir träumen lassen, eines Tages auch als Sexualwissenschaftler tätig werden zu müssen. Doch seit über zehn Jahren biete ich, inzwischen Lehrer der Soziologie, Veranstaltungen zur Sexualität, besser: zu den vielfältigen Sexualitäten der Menschen an.

Beispielsweise hielt ich vor Jahren ein Seminar zu Aids, nicht zuletzt, um die einseitig interessierte, weil profitorientierte medizinisch-pharmazeutische Perspektive auf das Thema zu weiten und ein erstes Psychogramm einer verfolgungsfreudigen Gesellschaft wie der unseren zu erstellen. Die Behandlung des Themas kam, einer meiner ernsteren Fehler beim Schreiben und Lehren, wieder einmal um Jahre zu früh. Damals mußte ich den ungehörten Begriff Aids an der Tafel erklären. Keiner, der mittlerweile auffällig geläufig mit der »Seuche« jongliert, gab sozialwissenschaftliche Ahnung zu erkennen.

da gebiert die neue angst
sofort den namen seuche

wut läuft los wie stets
furcht läßt wieder jagen

fix verfolgen wie gehabt
verstehen dauerte zu lang

menschen sind betroffen
gruppen treten zum rand

moralisten atmen auf
sünde straft sich selbst

Kurz darauf kündigte ich, im Rahmen einer mehrjährigen Reihe über Homosexualität, eine Veranstaltung »Schwulen- und Lesbenprojekte in der BRD« an. Der Rektor der westfälischen Wilhelms-Universität Münster ließ mir daraufhin bestellen (selbst brachte er den Mut nicht auf), er weigere sich, diesen Titel im offiziellen Vorlesungsverzeichnis wiederzugeben. Die Formulierung müsse »wissenschaftlicher und seriöser« sein.

Wie denn, was denn? Das Kürzel BRD war nicht gemeint, denn mittlerweile hatte sogar die Tageszeitung *Die Welt* hinzugelernt. Magnifizenz geruhten, die Selbstbezeichnung verfolgter Gruppen als »Schwule und Lesben« zu beanstanden.

Dies gehörte sich allem Anschein nach nicht für eine veritable Universität in den achtziger Jahren der Republik und ebensowenig für einen ordentlichen Professor. Ich halte die Bezeichnung jedoch nach wie vor für passend, wissenschaftlich, ehrenvoll. Ich betrachte jene, die sie sich gaben und nicht bestreiten ließen, als zumindest so seriöse Menschen wie Universitätsrektoren.

Die Evangelische Akademie Tutzing will, eine Meldung von 1991, ihre Räume der Deutschen Aids-Hilfe nicht mehr länger zur Verfügung stellen. Weil »einige Teilnehmer... ihr Schwulsein vor den anderen Gästen öffentlich in einer Weise demonstriert« hatten, »die als nicht notwendig und deplaziert empfunden wurde«. Was mag da bloß Teuflisches geschehen sein? Körperliche Liebe vor frommen Augen und Ohren? Einnahme ungewohnter Koituspositionen im Angesicht von Pietisten? Nein. Die Homosexuellen taten nichts, was unter heterosexuellen Menschen nicht üblich wäre. Sind Umarmungen, Küsse, Handhalten bei solchen »nicht notwendig und deplaziert«? Naserümpfen der Jury, igitt, igitt.

Die Doppelmoral der Kirche sagt: Du bist Gottes Geschöpf, na ja, du darfst sein, wie du willst, hm, doch konfrontiere mich bitte nicht damit, sonst muß ich Konsequenzen ziehen. Schließlich bin ich eine normale, durchschnittliche, bürgerliche Kirche. Daher weiß ich, was die mittelfromme Schicht will – und was sie als sexuell wie geistig deplaziert skandalisieren muß, um nicht aus Tritt und Trott zu geraten.

Die Vorlesung »Sexualpädagogik« ist immer überfüllt, und viele von den Seniorinnen und Senioren, die aus der Region und darüber hinaus anreisen, sprechen mich an: Endlich erfahren wir, was wir nie gesagt bekamen. Ich schäme mich ein bißchen für dieses »endlich«. Genauso ergeht es mir, wenn mich wildfremde Menschen auf der Straße, im Restaurant ansprechen und sich für ein Buch, ein Interview bedanken. Wer bin ich, daß ich die Versäumnisse von Generationen aufarbeiten dürfte!

Sexualität blieb freilich, auch und gerade nach ihrer sogenannten Revolution in den letzten Jahren, jenes im allgemeinen wenig erforschungs- und noch weniger erfahrungswürdige Mysterium, das den Herrschenden in Kirche und Staat so trefflich dient. Enthaltsamkeit gilt als Tugend, die tauglich macht. Tauglich wofür? Wem nutzt sie denn? Am wenigsten denen, die sie eingeübt bekommen. Doch gerade die sollen nicht allzuviel über den gesellschaftlichen Sachverhalt erfahren, sondern sich, Tag um Tag, Nacht für Nacht, mit dem abplagen, was überholte Theorien »Trieb« nennen. Denn nur SünderInnen kuschen vor ihren angeblichen Rettern. Die beiden Krankheitstypen Sünde und Erlösung bedingen sich, bilden ein Syndrom.

Die Kirche tut wie selbstverständlich das Ihre dazu, und das ist nicht wenig. Schließlich schwieg sich ihr vorgeschobener Stifter über Schlafzimmerprobleme aus; er plante vielleicht Wichtigeres. Um so aufdringlicher predigen die Jünger bis heute. Unter Klerikern gilt es als ausgemacht, daß ihre Kirche den Auftrag hat, das »Sakrament« der Ehe (das unter nichtkatholischen Christen gar keines ist) dogmatisch abzusichern und juristisch auszuformen. Auf diesem Terrain verstehen Geistliche keinen Spaß. Sie wissen, warum. Wer die Hand auf der Ehe hat, wie gegenwärtig noch die Kirche, kann Millionen Gewissen gängeln.

Nun frage ich, warum in aller Welt gerade jene so viel über eheliche und, noch lieber, über vor-, außer-, nicht-, nacheheliche Themen zu sagen wissen, die selbst halbwegs ehelos blieben, weil Oberhirten dies befahlen. Theologen antworten: Unsereins ist auserwählt, ein bevorzugtes und reserviertes Wissen über alles und jedes zu haben – und dieses Wissen, in Normen, Regeln, Gebote verpackt, nach unten weiterzugeben. Mangelnde Sachkompetenz gibt es unter Hirten angeblich nicht: Zum einen flüstert der Heilige Geist ins Bischofsohr, wenn auch meist mit großer Verspätung, zum andern »braucht auch ein Apotheker nicht jedes Gift probiert zu haben, bevor er es, wohldosiert, weiterreicht«. Zölibatäre haben die Ehen anderer im Griff. Sie predigen ihnen, je nachdem, Gebrauch, Mißbrauch, Nichtgebrauch. Der Umstand, daß Gott und Bibel zu alldem schweigen, fällt Herren und Herden nicht auf.

Und die Wissenschaft? Eine Universität wie die meine, die an die 50000 Studierende und eine entsprechend hohe Zahl von Lehrenden zählt, beschäftigt sich mit tausendundeinem Thema; alltägliche Probleme wie die Sexualität gehören nicht dazu. Es ist schon wie beim Schnupfen: Je häufiger ein Leid sich zeigt, je näher es den Menschen liegt, desto seltener wird es angepackt.

Leichtfertig allerdings, vom heutigen Wissen her das frühere zu verurteilen, beispielsweise gerade »auch mal« den sexuellen Mißbrauch zu rügen, als sei dessen massenhafte

Verbreitung nicht eben erst zum Thema für TV-Auftritte geworden. Offensichtlich war das Problem jahrzehntelang gesellschaftlich zu unbedeutend, als daß es die hätten aufgreifen müssen, die sich gegenwärtig als WortführerInnen betätigen und tun, als hätten sie es unter Schmerzen geboren.

Das Beispiel, an dem ich die Zusammenhänge von sexuellem und geistig-geistlichem Mißbrauch erkläre? Was mich seinerzeit am meisten hätte wundern müssen, aber nicht erstaunen durfte, weil ich einfach noch zu brav war: Die Eltern der mißbrauchten Meßdiener und Sängerknaben hatten zu lange geschwiegen. Dies galt in den fünfziger Jahren als Frucht katholischer Erziehung, Anstand gegen den Klerus, Achtung vor dem höchsten Beruf. Die Schweinerei steckte unter dem Talar, und da sollte sie, um »den Kleinen kein Ärgernis zu geben«, auch bleiben.

Wer genau waren diese Kleinen? Offensichtlich nicht die Kinder und Halbwüchsigen, um deren sexuelle und geistige Integrität es ging. Was man ihnen stahl, die ansonsten wortreich beschworene Unschuld und noch viel mehr, wog auf der vortrefflich geeichten Waage des Klerus wesentlich leichter als das bißchen Skandal, das jene Kleingläubigen hätten ertragen müssen, die da felsenfest der Kirche und ihren Hirten vertrauten – und die hätten erfahren müssen, daß es nicht nur schwarze Schafe wie überall gab, sondern auch schwarze Hirten . . .

Wer Beispiele für kirchliche Unmoral sucht, wird auch hier fündig: Die Institution deckt weniger die Ihren als sich selbst. Um jeden Preis. Kirche der Sünder ja, gewiß, doch bitte niemals zu konkret. Lugt ein allerliebstes Sündlein unter seinem Bettuch hervor, sind Folgen für die Geschäftsmoral zu befürchten, eilen die Herren mit der großen Decke herbei und packen ein, wattieren, staffieren aus, dekorieren um. Vertuschen, verwischen, verleugnen: Die Mannschaft ist überlebensnotwendig; ihre Mitglieder sind sich schon auf Erden höchster oberhirtlicher Anerkennung sicher, und wahrscheinlich ist auch das ewige Heil der Feuerwehrleute so gut wie gewiß.

Deckt einer auf, was »dem Volk besser vorenthalten« bliebe, kommt er den Hirten in die Quere. Kirchliche Querdenker kennen den Spruch; ich vernahm ihn mehrfach von besorgten Bischöfen. Ja, unter Theologen kann durchaus geredet, in Fachverlagen publiziert werden. Denn da sind die Komplizen unter sich. Aber an die Öffentlichkeit gehen, statt abzuwarten, bis sich einem – in demütigem Schweigen, Suchen, Beten – jene Wahrheit ganz eröffnet, die den Kircheninteressen frommt? Ketzerisches Tun, häretischer Stolz! Eben erst bestätigte der Papst diese probate Theorie der Täter, als er seiner Theologenherde von neuem den Mund verbot.

Innerhalb seines Pferchs mag der Angstmacher noch immer kleine Erfolge haben. Ich für mein Teil ertrage keine Maulkorbexistenz. Schriftsteller, diese Journalisten ohne Redaktion, können nicht in Ehren verstummen, nicht auf Dauer schweigen, ohne ihren Beruf aufzugeben. Um so härter trifft mich das stets gutgemeinte Lob, das ich höre, die Anerkennung für den Mut, offen zu sprechen.

Ich kann nicht nachvollziehen, daß ich für die Kleinigkeit gerühmt werde, keine Angst vor großen Priestern zu haben. Sagt mir wieder einmal jemand, mein Mut sei zu »bewundern«, reagiere ich fast ausfällig. Was muß eine Kirche unter den Ihren angerichtet haben, wenn diese sie als eine Institution fürchten, die Angst verbreitet? Wie undemokratisch blieb eine Gesellschaft, die Kirchen als Organisationsformen der letzten Tabus behandelt?

Was Wunder, daß ich fröhlich bin; ich bekam einen der schönsten Berufe geschenkt. Ich darf schreiben – und dabei die gegen Päpste durchgesetzten Freiheiten der Neuzeit nutzen, in

Meinung, Gewissen, Religion. Ich bin befreit, weil andere unter dem Einsatz ihres Lebens die Scheiterhaufen beseitigten! Denen, die für meinesgleichen gegen die geweihten Unterdrücker der Wahrheit kämpften, vergesse ich ihr Opfer nie. Nicht ohne Grund schreibe ich oft über Ketzer.

Was mir selbst angetan wurde? Belästigung von innen her, Zugriff auf meine Person. Ich blieb jahrelang ein Verführter, der dazu taugen sollte, andere zu verführen. Die Belästigung, mit deren Hilfe Kleriker mich, im Hinblick auf andere, erzogen, bestand darin, mein Denken, Fühlen und Handeln derart in Besitz zu nehmen, daß ich alles für wahr hielt, was sie für mich im voraus definiert hatten, um es mich glauben zu heißen.

Beispiele: Die Liebe eines Menschen darf nicht dem gehören, was er lieben will und kann. Nicht den Eltern, nicht den Partnern, nicht dem Buch seiner Wahl, nicht dem selbständigen Denken. Die Liebe, die die Kirche meint, ist vorprogrammiert, damit sie »die wahre« sei: Liebe zum verordneten Denken, Liebe zu den diesem Denken vorgesetzten Vätern, Liebe zu einer Gottheit, die die Systemwahrer nach ihrem eigenen Bilde und zu ihrem eigenen Profit schufen.

Die Liebe zu den Vätern deckt jedoch, an der menschlich freien Liebe vorbei, nur die Gewalt der Väter. Diese Verhüllung soll von Generation zu Generation unter »Gläubigen« tradiert werden. Sie bleibt als ausschließliche, das heißt ausschließende Wahrheit interpretiert – und ist Verführung von Menschen durch Menschen. In solcher Wahrheitsliebe schläft das Verhängnis der Welt.

Ich wundere mich, daß ich dies lernen durfte und ein so schlechtes Exempel kirchlicher Pädagogik wurde. Ich danke, wenn ich daran denke, daß ich dem Vätermilieu der Kirche widerstehen und meine Liebe durch all die Jahre habe retten dürfen. Bin ich deswegen nur ein »halber, unvollkommener

Mensch«, wie Bischöfe gegen unsereins wettern? Den Prediger suche ich noch, der auch nur halb soviel über Menschsein und Menschensinn nachdenkt wie wir.

# Ich nenne euch nicht mehr Knechte, sondern Freunde

*Wie früh ich in die Gottesmühle geriet*

Schopenhauer in den Aphorismen zur Lebensweisheit: »Daher werden die Erfahrungen und Bekanntschaften der Kindheit und frühen Jugend nachmals die stehenden Typen und Rubriken aller späteren Erkenntnis und Erfahrung, gleichsam die Kategorien derselben, denen wir alles Spätere subsumieren, wenn auch nicht stets mit deutlichem Bewußtsein. So bildet sich demnach schon in den Kinderjahren die feste Grundlage unserer Weltansicht, mithin auch das Flache oder Tiefe derselben; sie wird später ausgeführt und vollendet; jedoch nicht im wesentlichen verändert.«* Noch sehe ich mich außerstande, solche Typen und Rubriken einer in der Kindheit angelegten Erkenntnis und Erfahrung auszumachen. Vorerst bleibt es beim Versuch. Im übrigen melde ich Bedenken an gegen alle Ratgeber, Amateurpsychologen und sonstige Wissende, die aus den Lebensumständen und Erfahrungen eines Kindes detaillierte Folgerungen für den späteren Erwachsenen zu ziehen vermögen.

Sicher ist, daß ich als Baby zu Unzeiten in Luftschutzkeller verschleppt, dann mehrfach »ausgebombt«, evakuiert, luftverändert wurde, mich schließlich durch den Tausch von Blümchen gegen Ausgelachtwerden mit Frankreichs Marokkanern

* Zitiert bei: H. J. Schmidt, Nietzsche absconditus oder Spurenlesen bei Nietzsche. II. Jugend. 1. Teilband 1858–1861 (Aschaffenburg 1993), S. 121

fraternisierte, die an unserem Garten vorbeizogen. Gewiß bleibt auch, daß ich als fünfjähriger Rachitiker siegreiche Panzerbesatzungen um Brot anbettelte, mit sechs herzhaft in die Schale der ersten Banane biß und nur vor dem Verhungern gerettet wurde, weil meine Mutter sich nicht zu »hamstern« scheute, viele Verbote übertrat, Bäuerinnen überredete, Silber, Porzellan, Leinen im Tausch gegen Äpfel und Eier zu akzeptieren.

Konsequenz der kriegsnahen Kindheit ist es denn auch, daß ich nie die christenübliche Berufung zu soldatischem Werk verspürte und selbst im entferntesten nicht die Möglichkeit gerechter Kriege erwog. Die Debatten der fünfziger Jahre, Deutschlands erster Kardinal vorneweg für Wiederaufrüstung, verwirrten mich. Zu helfen wußte ich mir nicht, parteipolitisch aktiv zu werden, verbot sich dem Internatszögling. Viele Jahre später, im Elitekolleg zu Rom, befragte ich Kardinal Frings unter vier Augen zu seiner Haltung; der purpurne Greis glotzte mich an, als hätte ich ihm ein unsittliches Angebot gemacht.

Leidlich gewiß, daß ich früher und intensiver als alle, denen ich begegnete, geprägt wurde durch Alleinsein, Lesen, Glauben. Ich blieb ein Einzelkind, beschäftigte mich sehr früh mit Büchern (mit vier Jahren las und schrieb ich, was mir die ersten Schuljahre ersparte und Gelegenheit zu eigenen Spielen, Zeit für eigene Interessen gab), und hatte mit »der Kirche« zu tun; es fand sich nicht viel anderes.

Rührt, frei nach Pascal, die Tragik der Menschen davon her, daß diese es keine Stunde mit sich aushalten, fühle ich mich nicht betroffen. Ich kann allein sein, empfinde wenig Langeweile, finde fast immer Leben in mir, Anregung auch in den wenigen Büchern, die in der Tat Bücher sind, die sich nicht erschöpfen und den Leser nicht ermatten lassen. Solche Bücher machen ehrlich, weil sie die echten Gefühle der Leser hervorlocken: Haß und Liebe.

»Wer gute Bücher lesen will«, sagte mir einmal ein Kollege,

der keine schrieb, »der muß sie selber schreiben.« Ich las von Berufs wegen zigtausend Bücher, doch meine Bibliothek bleibt bewußt bescheiden dimensioniert. Ich halte es mit dem Weisen, der von sich sagte, er trage alles Seinige mit sich. Daher bleibe ich skeptisch gegen jene, die ohne Hilfsmittel sofort hilflos sind und deswegen dauernd Ballast mit sich schleppen: Der Inhalt eines Kopfes entspricht meist dem Aufwand nicht, der da draußen um ihn herum, an ihm vorbei betrieben wird.

Und ich habe, größtes Geschenk, stets Zeit. Für die vielen, die erklären, ihre Termine ließen ihnen keine Zeit, bringe ich kein Verständnis auf. Ich bemitleide die wenigsten: Wer nie Zeit hat, arbeitet selten. Dafür kann er Zeitbesitzer wie mich, die, nebenbei bemerkt, Jahr für Jahr mindestens ein Buch schreiben, schlicht für Nichtstuer halten.

Hätte ich Chancen gehabt und ein bißchen absolutes Gehör, wäre ich jetzt Komponist. Diese Berufswahl hätte vielleicht nicht von vornherein dem zeitgenössischen Musikschaffen gedient, doch den Kirchenleitungen der Gegenwart viel Ärger erspart. Es sollte nicht sein, da war wohl ein Gott vor, der der Kirche mal wieder eins auswischen wollte. Im übrigen hatten bereits meine Anfänge als Musikus nicht sonderlich Erfolg versprochen. Ich bestand schon den ersten Begabungstest nicht. Nach der Familienüberlieferung hatte man mich, knapp sechs Monate alt, frisch gesäugt und gewickelt, vor den Volksempfänger gesetzt, E-Musik (Tristan) eingestellt und sich, als eine verwertbare Reaktion ausblieb, über die sich abzeichnende Unmusikalität bitter enttäuscht gezeigt.

Das legte sich. Von klein auf mochte ich Klassik, spielte leidlich Violine, Klavier, sammelte Partituren (und dirigierte sie, Loriot läßt grüßen). Noch im Priesterseminar, mit 23, erlernte ich, während die Freunde frühstückten und ich mein Doppelzentnergewicht wieder auf eine doofe Diät setzte, ein Instrument, das andere mit fünf beherrschen: die Blockflöte.

Im Internat jubelte ich jahrelang in einer »Schola« das Repertoire der Gregorianik auf Latein rauf und runter, Oration, Antiphon, Responsorien, Hymnen, Sequenzen. Zur höheren Ehre Gottes gewiß und hin und wieder auch aus Anlaß einer Kirchweihe (nicht Kirmes!): Dann wurden die vier Mitglieder der Schola aufs Land gebeten wg. Absingens von Chorälen während der Weihehandlung, und nachher zum Bauernmahl mit Bischof geladen. So sahen wir den Herrn.

Einem der wenigen Kleriker, die ich schätzen lernte, weil er so wenig Kleriker war, verdanke ich Zugänge zu Bruckner, Mahler, Webern; wir diskutierten nächtelang. Als junger Kaplan bereitete ich Predigten vor, indem ich das Denken mit Musik (kein J. S. Bach!) stützte, und noch immer kann ich nicht schreiben, ohne Musik zu hören (Choräle haben freilich ausgedient). Die Obsession geht so weit, daß ich Bücher Kompositionen zuzuordnen vermag: die – noch unveröffentlichte – Thomas-Müntzer-Biographie dem Mozart-Requiem (KV 626), die Luther-Biographie dem Klarinettenkonzert (KV 662), die Savonarola-Biographie dem Es-Dur-Klaviertrio op. 100 (D 929) von Schubert, die »Ketzer in Deutschland« Schuberts Streichquintett (D 956) und so fort.

Wahlverwandtschaften oder Übereinstimmungen im Thema lassen sich nicht ausmachen. Am eindringlichsten höre ich ohnedies Belcanto. Die italienische Oper erscheint mir ähnlich abgehoben und überholt wie die Kirche Roms, wenn sie auch auf eine ungleich kunstvollere Art ihren Tod besingt. Im letzten Buch meines Lebens hoffe ich einmal über Mozarts Don Giovanni, die tiefgründigste aller Opern, zu schreiben; seit 25 Jahren sammle ich Material.

Die Musik, ich kann es kaum hinschreiben, blieb Nebensache. Die Umstände waren nicht danach. Es schmerzt mich nach wie vor, daß die grandioseste Kunst, die tiefste Anstrengung des Menschen nicht Lebensinhalt wurde. Auch zum Malen langte es nicht. Was blieb: Ich sammelte zeitgenössische Kunst, studierte deren Auf und Ab, erreichte Einblicke. Das reichte immerhin, einem Bischof den Schinken aus dem Diözesanmuseum madig zu machen, mit dem er eine Wand im Arbeitszimmer dekoriert hatte. Eine Emmausszene des 18. Jahrhunderts, künstlerisch ungelenk, handwerklich verpatzt, gleichmäßig fromm.

Ich mußte mich mit der zweiten Wahl begnügen, Wissenschaft an einer Universität betreiben, Zeit sogar mit der hoffnungsfernsten Spezies des Denkens vertun, der Theologie. Wo Musik, ohne Anspruch anzumelden, Menschen einfach glücklich macht, ruft Kirche ständig Heil und verspricht jene Seligkeit, die sie dann Millionen versaut. Kein Wunder, daß kein Mensch auf Dauer ohne Musik lebt, erst recht verständlich, daß alle Menschen ohne Kirche auskommen können (wie sich bestätigen wird). Ich bin jedenfalls lieber ein wenig auf Erden glücklich, als eeeewig da droben. Einem Ondit zufolge soll zwar im Paradies viel Mozart erklingen, doch wäre ich beruhigter, hätte Gott schon zu Lebzeiten mehr für den Armen getan.

Erzähle mir keiner, wir kritisierten Kirche und Religion mit Lust oder aus Haß und Rachsucht (was dasselbe Engagement bedeutete)! Jeder Kritiker von Rang, den ich kenne, hätte wahrlich Besseres zu tun, als sich um die Kapriolen des Klerus zu kümmern. Jeder von uns könnte anderswo tiefere Einsichten in das Menschsein gewinnen, als sie die Gotteskindschaft zuläßt.

Vielleicht begreift irgendwann sogar der eine oder der andere Christenmensch die innerste Intention der Kritik. Wir sind nicht oder nur marginal enttäuscht oder verletzt. Wir haben es nicht nötig, uns zu rächen, wie das katholische Mäxchen sich das denkt. Wir sind jedoch bereit, im Interesse einer humaneren Gesellschaft beständig für die vielen Opfer einzutreten, deren Treue die Kirche verriet, und die sich, mundlos gemacht und gehalten, nicht wehren können.

Wir haben dabei leider auch die Aufgabe derer zu übernehmen, die eigentlich in ihrer Kirche reden müßten, aber, aus welchen Gründen auch immer, schamlos schweigen. Schließlich wollen wir, gelegen oder ungelegen, mitsorgen, daß sich die heillosen Zustände in der Kirche nicht verewigen, sondern daß die schwer schuldig gewordene und zum Tod verurteilte Institution endlich abstirbt.

überlebte kirche
du speist die satten
mit brocken deiner lehre
wir bleiben hungrig

Spreche ich den Opferstatus kirchengebundener Menschen an, weiß ich gut, wovon ich rede. Ich wollte bereits als Kind Gottes Priester sein, der Beruf faszinierte, ich errichtete Hausaltäre, Tabernakel, Votivtafeln, wurde ein begeisterter Ministrant, schleppte Meßbücher, schwang Weihrauchfässer, schlug Kreuze. Schließlich machte ich Abitur an einem hinreichend frommen Gymnasium, dessen Deutschunterricht viel Bergengruen, Schaper, Le Fort, keinen Musil, Broch, Jahnn zuließ. Dann studierte ich unbefragt Theologie und, beiseite, Jura.

Die Tübinger und Münchner Professoren, die ich hörte, mühten sich etwas selbstgerecht mit der Neuzeit ab, faßten Kant mit spitzen Fingern an, machten Nietzsche zugunsten der Wahrheit gleich ganz nieder, erzählten zurückhaltend selbst von den weniger guten Seiten der Kirche, schwärmten vor allem von Konzil und Reform, die alles wenden würden. Zu ein wenig Widerspruch zu erziehen, zählte nicht zu den Bildungszielen der Fakultät, und querzudenken galt ihr kaum als kulturelle Leistung. Sie dachte an sich, das mochte genügen.

Ich gehörte stets zu den stillsten Studenten; Seminare, in denen ich im Verlauf von vier Jahren etwas gesagt hätte, lassen sich an einer Hand abzählen. Ich hörte, wählte, verwarf. Alles Ideale wollte selbst erdacht, erlitten, getan sein. Kein Theologe half je weiter, keiner ließ erleben, was Glaube ist, was Unglaube. Anders zu denken, scheint eine Anlage zu sein; erlernen kann da einer wohl nicht viel, allenfalls erfahren, daß Querdenken bei anderen, historisch faßbaren Ketzern, querköpfischen Zeitgenossen, lebt.

Während des Studiums fanden sich Vorbilder dieser Art nicht, dafür negative Exempel, lang vergessene Priesterprofessoren, deren wissenschaftliche Tugend das Schweigen war, jene Distanz zur Wahrheit, die ihnen Amt und Brotberuf rettete. Hätte mir einer von ihnen prophezeit, daß ich in wenigen Jahren der erste Kollege in der Bundesrepublik sein würde, dem die kirchliche Lehrerlaubnis entzogen wurde, hätte ich ihn nicht verstanden. So konsequent verquer dachte weder einer von diesen Theologen noch ich.

fachmann heißen
glauben bringen
oder auch nicht

ruhm erringen
zweitauflagen
oder auch nicht

hinter alldem
voll spott ein gott
oder auch nicht

Vorerst ging alles seinen – in amtskirchlicher Deutung – normalen Gang. Immerhin blieb ich ein gutes Jahrzehnt

Schüler in klerikal, ja mönchsnah geführten Internaten, auch während des gesamten Studiums in Tübingen. Was erlebte ich in diesen Bewahranstalten der Kirchlichkeit und, noch prägender, was nicht? Machte ich nicht selbst »modifizierte KZ-Erfahrungen, gesalbt mit dem wohlfeilen Öl wohlwollendster Selbstinterpretation der Aufseher und Profiteure, angereichert durch die Ängste ›unsicheren Kantonisten‹ gegenüber«*? Gewiß, doch wehrte ich wahrscheinlich das mir Fremde ab, verdrängte unbewußt, rettete mich ins Eigene. Schon früh, so meine Erinnerung, kam ich mir – sooft es sich um Wesentliches drehte – vor wie einer, der neben sich steht und beobachtet, was andere mit dem Kerlchen reden und tun, das seinen Namen trägt.

Von außen wurde ich dennoch verortet, festgezurrt an einem Platz, wie eine Uhr aufgezogen, auf Zeiten eingestellt, nachgestellt, zu Tages- und Lebensrhythmen gezwungen, zum termingerechten Essen befohlen, mehrfach täglich, manchmal auch des Nachts veranlaßt, meine Stimme zu festgesetztem Gotteslob zu erheben, zu beten, zu singen, zu psalmodieren, Woche für Woche angehalten, Rechenschaft über geistlichen Rückfall oder Fortschritt abzulegen. Meine heutige Manie, pünktlich zu sein und den Schreibtisch »aufgeräumt« zu sehen, wurde in diesen Jahren erworben. So wurde ich zu einem Querdenker, der noch immer Angst hat, sich von Fall zu Fall Verqueres zu erlauben, zumindest einige Sekundärtugenden dranzugeben.

In Internaten zu existieren (von leben spreche ich in diesem Zusammenhang nicht gern, weil ich lernte, was leben heißt und was nicht) bedeutete nicht nur körperliche Abhärtung, Schlafsäle zu achtzig Betten, Aufstehen um sechs Uhr, Gelobt sei Jesus Christus, ausschließlich kalt fließendes Wasser zum

* H. J. Schmidt, a. a. O., S. 19f.

Waschen, von Nonnen bereitete Massenkost und so fort, sondern auch eine fast endlose, die möglichen Dimensionen der jugendlichen Psyche beschränkende Folge von offiziellen Meßfeiern, Ermahnungen, Beichten und anderen fromm disziplinierenden Übungen. Diese kleine Welt blieb geistlich geordnet; wer auf die Idee kam, sie sei ein goldener Käfig, war fehl am Platz. Ich sah viele Freunde gehen; selbst hätte ich nicht gewußt, weshalb, wohin.

Der von Kirchenleuten neuerdings häufiger erteilte Verweis, alle seien doch frei gewesen, hätten sich jederzeit verabschieden können, ist blank zynisch. Er hantiert, geübt von oben herab, mit Freiheit, einem Wert, den Kleriker am wenigsten kennen dürften, verspottet Glauben und Gefühl anderer, macht die systemeigenen Opfer nochmals verächtlich. Ich nehme dieses Geschwätz nicht mehr hin, nenne künftig Namen: Es kann nicht schaden, wenn möglichst viele erfahren, welches Spatzenhirn die Schäbigkeit ausdachte.

Ich mußte lange genug im Zustand der Wehrlosigkeit verharren, mitten im Netz der Glaubensspinnen vegetieren, als daß ich mich nicht wehrte und für die spräche, die noch nicht aus ihrem Schweigen erwachten. Am besten, ich erzähle eine frühe Geschichte, die das Thema Reden und Schweigen, Schlafen und Aufwachen streift.

Rottweil am Neckar und Tuttlingen an der Donau sind durch eine Bahnstrecke verbunden; Entfernung 28 Kilometer. Damals kostete die Fahrt hin und zurück für Schüler um die drei Mark. In Rottweil stand das Bischöfliche Knabenkonvikt, in dem ich vier Jahre wohnte. In Tuttlingen lebte meine Mutter. Sie wurde von den besten Katholikinnen und Katholiken unverdrossen und wohlbedacht als »Fräulein Herrmann« angesprochen. Der Kenner sieht: Ich war nicht der Wunschkandidat des Kirchenrechts. An mir haftete der »Mangel der ehelichen Geburt«. Dieser begründete ein Berufsverbot.

Schließlich wollte die Kirche ihre innersten Kreise rein halten, vor fehlerhaftem Leben schützen. Der angebliche Mangel erforderte vor den Weihen einen eigenen Gnadenerweis.

Unsäglich, unverschämt, unmenschlich, was die Kirche sich hierin bis vor kurzem leistete! Ich spreche noch nicht einmal von den vielen Fensterpredigten, die für ungeborenes Leben eintraten und die bereits durch schamlose Bestimmungen gegen geborenes Leben desavouiert waren. Ich meine die Norm selbst. Diese stellte eine Kirche, der nichtehelich geborenes Leben weniger wert als anderes erschien, in eine Reihe mit Diktaturen, denen beispielsweise nichtarisch, nicht-weiß geborenes Leben unwert war. Wer anfängt, menschliches Leben überhaupt zu bewerten, ist schon sehr nahe an Selektion und Endlösung herangerückt.

Der Gnadenerweis machte die Angelegenheit noch peinlicher. Dispens wovon, wofür? Besehe ich es recht, waren nichtehelich geborene Kinder für ihren Zustand ganz und gar nicht verantwortlich, schließlich konnten sie weder etwas für ihre Geburt noch für die Tatsache, daß deren Umstände einer bestimmten Kirche mangelhaft erschienen. Doch achtete die Institution eben sorgsam auf reine Westen. Bei anderen. Daher mußte ausgerechnet der Vatikan, dessen Geschichte und Gegenwart vor Schuld strotzen, die Unschuldigen dispensieren...

Die verächtliche Vorschrift wurde eben erst, nach Jahrhunderten, gelockert; der Papst erklomm auch hierin nur mit sehr großer Verspätung das Niveau neuzeitlicher Zivilisation. Sein Kirchenfürstentum denkt in Jahrhunderten, vor allem, wenn es um Grundrechte der Menschen geht, die es selbst betreffen. Ich schrieb jedenfalls, unter Bedenken, 1969 eine Habilitationsschrift zum Thema Nichtehelichenrecht in der Kirche. Habilitiert wurde ich demnach für Anregungen zur Änderung eines unwürdigen Zustands, für Vorschläge, die zunächst generell verworfen, schließlich ins Kirchenrecht Johannes Pauls II. übernommen wurden.

Lassen wir dies, damit die Deuter meiner Psyche sich nicht völlig übernehmen. Einschneidender erscheint mir das folgende Erlebnis: Mutters 50. Geburtstag fiel auf einen Sonntag. Wer die Nachmittage eines Sonntags im Internat kennt, verzeiht den Gemeinplatz: Langeweile, Langeweile, Einsamkeit. Und wer vom Leben einer berufstätigen, alleinerziehenden Mutter weiß, kennt deren Sonntagnachmittage: Einsamkeit, Einsamkeit, Langeweile.

Es lag nahe, diesen Geburtstag gemeinsam zu feiern. Ich hatte Geld für die Fahrkarte und ein Geschenk. Die Mutter wäre zu überraschen gewesen. Gerechnet hat sie nicht mit meinem Besuch. Ein Zögling durfte nur in den Schulferien nach Hause fahren.

Ausnahmen gab es schon. Ich faßte mir ein Herz, denn die Ausnahme erforderte eine persönliche Erlaubnis des Herrn Direktors. Nachdem ich an seine Tür geklopft hatte (er residierte separat), nachdem ich mehrmals geklingelt hatte, erschien er, erstaunte, ordnete seine Hose, seine Weste, fingerte an seinem Priesterkragen herum, rückte die Zigarre in den gewandteren Mundwinkel. Ich fragte, argumentierte, legte Gründe nach. Er brauchte für seine Ablehnung, die er mir zuwarf, schon im Wegdrehen, nur einen einzigen Grund: »Wer Vater und Mutter mehr liebt als mich, ist meiner nicht wert.«

Dieses angebliche Jesuswort, das wie viele andere noch immer die Macht von Menschen über Menschen stützt, las der Priesterschüler an jenem Sonntag immer wieder unter Tränen nach. Daß auch meine Mutter an ihrem einsam gebliebenen Geburtstag geweint hatte, wußte ich damals noch nicht. Daß die Tränen der Hilflosen stärker als jede kritische Theorie gegen die Väter der Religion zeugen, auch nicht.

Es gab Fluchtversuche. Sie waren bescheiden, unsicher,

ungelenk, aber sie waren da. Ich hatte so vieles zu schlucken, daß ich schon meinte, alles schlucken zu können. Ich fand einen gewissen Halt im Glauben an einen Gott, der, soviel ahnte ich schon, zuverlässiger war als die Institution, die sich auf ihn berief. Dieser Gottglaube war, das wird mir heute klar, ein erster Versuch, auszubrechen. Er war zwar systemimmanent, wie ich mittlerweile weiß, doch damals erschien er mir tauglich. Ich appellierte daher an einen besser informierten Gott, ließ mich nicht beirren, fühlte mich glücklich geborgen. Tag für Tag betete ich, über Jahre hinweg, ganze Rosenkränze, meditierte allein in der Hauskapelle. Meine Mitschüler spielten währenddessen Fußball. Einmal schrieb mir einer, offenbar frömmer als damals, meine Frömmigkeit sei ihm seltsam vorgekommen.

Ich könnte ihm beipflichten, hätte ich mich jemals auf verkniffene Gottsuche begeben, womöglich als einer jener stark heilsegoistischen Sünder, die sich ständig nach dem nächsten Gnadenerlebnis umschauen und dies alle Welt wissen lassen. Nein, mein Glaube ruhte in sich, ersparte sich das heillos deutende Theologengefabel, erfuhr von der Abwesenheit, vom Tod Gottes aus der Literatur. Gott war unbefragt da, lebte mit. Nicht selten fühlte ich mich überwältigt von Liebe zu ihm; Entrückung, Vision brauchte ich diese Zustände nun nicht gerade zu heißen. Ich war ja der Meinung, Gott lebe, wenn überhaupt, höchst alltäglich, benötige keine Ekstasen, brauche weder Wunder noch Wundertäter. Noch heute empfinde ich Widerwillen gegen laute Leute, deren Erleuchtung in Form blitzartiger Bekehrung geschah und die daraufhin sofort eine weitere Sekte gründen müssen, um sich einem spendenwilligen Volk mitzuteilen.

Fragt mich jemand nach Gott, und das geschieht oft, so kann ich ihm wenigstens insoweit antworten: Ich machte gewiß eigene Erfahrungen, religiöse, quasireligiöse, parareligiöse, wer weiß; ich blieb darüber froh und ruhig, wurde nicht fanatisch. Aber konsequent wollte ich schon sein: Je mehr mich die Kirchenleute ärgerten, desto häufiger brauchte ich den Advokaten, den ich Gott nannte.

Ich kehre besser wieder auf die Erde zurück: Damals, als die Angst vor Bischöfen noch umging, die ich selbst nicht nachvollziehen konnte, versuchte ich auch einmal einen Einbruch in die Sphäre derer, die sich Oberhirten nannten und ihren Lebensstil sorgsam gegen Restwelt und Restkirche abschotteten. Man kann diesen Versuch eine Art Ausbruch nennen. Während des einen Jahres, das wir Berufenen, klerikal eitel verpackt, in schwarzes Tuch gekleidet, den Tagen der Weihe entgegenhoffend, im eigentlichen Priesterseminar verbrachten, hatte ein Weihbischof die Unvorsichtigkeit begangen, uns »Mitbrüdern« eine offene Tür zu versprechen. Er mochte gleich wieder vergessen haben, was er gewohnheitsmäßig gesagt hatte, ich vergaß es ihm nicht. An einem Sonntagnachmittag läutete ich ihn heraus, nahm ihn beim Wort, lud mich zu seinem Kaffee und Kuchen ein. Exzellenz trugen die ganz und gar unübliche Konsequenz mit Fassung; ich auch.

Merkwürdige Erfahrung meines Lebens: Ich lernte viele Ängste kennen, wie sie unsere Menschenwelt mitbestimmen, doch brachte ich noch keine angstbeladene, das heißt glaubensträchtige Achtung vor hohen Herren auf. Ich finde einfach keinen Zugang zu irgendeiner Autorität, sei sie politisch oder kirchlich begründet. Dieser offensichtliche Mangel im Sozialcharakter trug mir manche Rüge ein, zum Beispiel in den Monaten der Promotion, da sich Professoren bei meinem Doktorvater beschwerten, ich begegnete ihnen wie meinesgleichen. Das mochte unerhört sein, doch ich konnte es schlicht nicht, zumal ich mir sagte, alle Bischöfe, Präsidenten, Hochschullehrer, die ich traf, hätten nur eine Art beruflichen Zeitvorsprung vor mir, nicht mehr.

Schon in relativ jungen Jahren erlebte ich Herren, führte einen Kanzler durch Rom, war bei zwei andern Bundeskanzlern, einem Bundespräsidenten zum Essen, zum Gespräch geladen, wurde gedrängt, für den Bundestag zu kandidieren, »mitzumischen«, lernte Kardinäle und Bischöfe näher kennen, als mir lieb war, traf auf Politiker, Schriftsteller, Künstler mit bekannten Namen. Einen Unterschied zwischen dem Menschen, der Bischof oder Bundeskanzler ist, und einem der dies nicht, noch nicht ist oder gar nicht sein will, kann ich, gerade wenn ich Lebensleistungen anerkenne, nach wie vor nicht erkennen.

De Gaulle soll geglaubt haben, Menschen bedürften der Führung so notwendig wie des Essens und Trinkens. Gewiß mache ich ähnliche Erfahrungen, wundere mich über die Herdenmentalität derer, die keinen Hirten haben und doch so dringend nach einem verlangen. Aber ich ziehe für mich andere Folgerungen: Ich versage mich dem Angebot, ja der Bitte, endlich auch als ein Ratgeber zu fungieren, der Hilfestellung für anderes Leben leistet. Verlage sind komischer Verzweiflung nahe, da ich noch immer kein strikt hilfreiches und momentan wirksames »Ratgeber«-Buch schreibe, nicht einmal über diese Rezeptliteratur mit mir handeln lasse, obgleich ich – in Sachen Glaube, Kirche, Partnerschaft, Sexualität – ebenso viele konkrete Ratschläge fürs fremde Leben wie die einschlägigen Autoren erteilen könnte. Ich lehne es ab, über Aussagen hinauszugehen, die mir wichtig scheinen, und zu Konsequenzen zu raten, die die Lesenden persönlich und selbständig ziehen müssen.

Ich weiß, daß jeder, der sich auf die Seite der Ratgeber und der Täter schlug, die Sonnenseite des sozialen Lebens wählte. Doch macht mich die Erkenntnis traurig. Ich hoffe, wohl wider besseres Wissen, daß eines Tages doch noch möglichst viele Menschen zum selbständigen Gebrauch ihrer Möglichkeiten finden, die bisherigen Opfer sich früher oder später von den Alltagsgurus zu ihrem eigenen Können und Wollen befreien und alle Priester, Politiker, Pädagogen, Mediziner, die Körpern, Geistern, Seelen unser angeblich Bestes aufdrängen, mit ihrem heillosen Geplauder stehenlassen. Mir fiel auf, daß häufig sogenannte einfache Leute ihr Leben nicht mehr jedem Seelentröster ausliefern.

Zum Christsein werde ein Mensch nicht bekehrt, sondern er müsse krank genug dafür sein, meinte Nietzsche. Gerade auf dem Gebiet der sogenannten »Religion« ist Unfreiheit in Form von Ausgeliefertsein an Ratgeber endemisch. Wer erlebte, wie viele Menschen sich aus Anlaß von Erweckungsstunden, Missionswochen, Bekehrungsfeldzügen dem Gesäusel eines hergelaufenen Gottesscharlatans auszusetzen bereit sind, teilt gewiß meine Meinung. Zu sehen und zu hören, wie Prediger mit Hilfe modernster Methoden der Massenkommunikation Zehntausende fesseln, »wecken«, ausnehmen, wie sie dabei in ihrer Sonderbibel auf und ab flanieren, Zitate aus dem Stegreif aneinanderreihen, andere bewußt unterschlagen, sich von jeder Bibelkritik, von der mühsamen Forschungsarbeit zweier Jahrhunderte dispensieren, öffnet dem die Augen, der noch auf so altmodische Tugenden wie Argumentation, Nachweis, Vernunft setzt.

Will ich wissen, was ich gern versäumte, brauche ich nur einen TV-Predigtkanal einzustellen! Soeben, im August 1993, brach in den USA ein weiterer Wunderpastor, ein anderes »Instrument des Heiligen Geistes« zum Missionskreuzzug gegen Europa auf. Der Mann ist hinlänglich ausgewiesen; sonntags treibt er sich im Superchannel herum. Der Evangelist, Maßanzug, Brillant-Rolex, Goldkettchen, bestätigt meine Überzeugung, daß Geld und Glaube untrennbar miteinander verbunden sind.

Der bibelflinke Pastor fand nicht von ungefähr in der

Ausgabe seines Neuen Testaments viele Stellen, die andere zum Spenden aufrufen, doch keine, die seine persönliche Armut verlangte. Der Gottesjob bringt ihm denn auch gegen 12 Millionen Dollar jährlich ein. Den Kritikern seines Lebensstils oder seiner Predigtmasche möchte er, auch das hat Tradition unter Christen, »den Kopf wegblasen«, mit einem »Maschinengewehr des Heiligen Geistes«.

Damit keine der üblichen Ausreden aufkommt: Der US-Boy versteht sein Geschäft mit dem Glauben nicht weniger gut als die vielen Kollegen im geistlichen Amt, die allüberall ihre Kanzeln erklimmen und zu predigen beginnen. Die Köpfe und Herzen biblisch Betäubter werden hier wie dort verdorben, und gesammelt, gespendet wird sowieso überall, wo von Gott die Rede ist. Nur die Methoden der Prediger unterscheiden sich; nicht jedem Gottesmann ist ein Fernsehpublikum gegönnt, weil nicht jeder das Massenmedium zu nutzen versteht. Um so mehr Neid enthält die Kritik derer an dem Millionenpastor, die selber nur ein paar tausend Mark Geschäftsgewinn erzielen können.

Mein Wunsch: Soll schon erweckt sein, dann auf menschenwürdige Art und hin zu humanem Ziel. Das bedeutet: Wir müssen alle Betreuungs- und Bewußtseinsindustrien angehen und als überflüssig erweisen, die Ausbeutung der Gefühle und Sehnsüchte aufgeben heißen, immer wieder, in konkreter Kleinarbeit, bei den Menschen Freiheit, Selbständigkeit, Mündigkeit wecken. Das nenne ich Mühe um die grundlegenden Menschenrechte.

Wenig trifft mich so schmerzlich wie die Erfahrung, daß Menschen Angst vor Autorität und deren Methoden wie Mechanismen haben. Seit über zwanzig Jahren versuche ich beispielsweise, Examenskandidaten angstfrei vorzubereiten. Ich stelle sie anders als andere auf die leider noch immer als unverzichtbar definierten Prüfungen ein, empfehle daher kein

Standardwerk zum Studium, verlange keine Literaturliste, locke Selbständigkeit hervor. Der Erfolg ist gering; ich predigte mittlerweile gut zweitausend tauben Ohren. Offensichtlich wurden diese Studierenden zehn, zwölf, vierzehn Semester lang gegenteilig informiert, von Autoritäten, die selbst nicht über ihre Fußnotenwissenschaft hinwegzudenken lernten, eine universitäre Schande.

Querdenken im Glauben? Es nimmt Gestalt an, im Autoritätszweifel. Meine Primiz, das erste Meßopfer, das der Neupriester feiert, fand 1964 unter großem Zulauf des Volkes statt. Die Heimatstadt, obgleich überwiegend andersgläubig bis nichtgläubig, ließ sich nichts nachsagen. Zur Feier selbst war eine Messe von Franz Schubert eingeübt worden; ich lernte diesen Komponisten erst später kennen und schätzen: Seine Vertonungen des Credo, wichtiger Bestandteil jeder Messe, sparen den Glaubenssatz »Ich glaube an die eine, heilige, katholische und apostolische Kirche« aus. Dieser Mut zur Lücke imponiert. Verglichen damit erscheinen das trompetenstöhnende Halleluja und das frömmlerische Tirili der Vorklassik unernst, vor allem, wenn Kantaten, Motetten, Choräle von Primadonnen vorgeführt werden, die bestimmt nicht den Text unterschreiben könnten, den sie da in Abendtoilette absingen.

Nach den obligaten Lobreden in der Kirche und anderswo zog sich eine Gruppe von siebzig Personen zum Essen zurück, das meine Mutter zusammengespart hatte. Auf dem Ehrenplatz saß ihr Sohn, rechts sie selbst. Der Platz zur Linken blieb leer, für etliche Anlaß zum Nachfragen.

Das Geheimnis wurde nicht gelüftet. Wer da sitzen sollte, verriet ich nicht. Es dürfte ein Vater gewesen sein. Da ein eigener nicht zur Verfügung stand, bemühte ich mich um Ersatz. In der Kirche boten sich manche Surrogate. Geschafft hat es keiner; ich bin darüber nicht unfroh.

Dafür war ich ausgesprochen naiv: Lange noch hatte ich die

Worte im Ohr, die ein Bischof uns zugerufen hatte. »Nicht mehr Knechte nenne ich euch, sondern Freunde!« Es waren nicht die seinen, gewiß, sie entstammen einer uralten Klerikaltradition. Das macht manches eher verzeihlich; nicht jeder hört sich gern als Knecht bezeichnet, um sich dann als Freund akzeptiert zu sehen. Aber daß weder dieser noch ein anderer Bischof auch nur versuchte, seinen hehren Worten kleine Taten folgen zu lassen, verzeihe ich nicht. Auf solche Freunde kann ich verzichten.

Voltaire, zu Gast in Potsdam, schrieb am 18. Dezember 1752 nach Paris an seine Nichte: »Nicht, als ob ich an Ihre alte Prophezeiung glaubte, der König von Preußen würde mich totärgern. Ich fühle mich nicht bei Laune, eines so blöden Todes zu sterben... Ich werde mir, zu meinem eigenen Gebrauch, ein kleines Wörterbuch für den Umgang mit Königen anlegen: Mein Freund bedeutet *mein Sklave*. Mein lieber Freund soll heißen: *Sie sind mir mehr als gleichgültig*.«*

An die Tatsache, daß Bischöfe die Unwahrheit sagen, mußte ich mich erst gewöhnen; ein paar wache Jahre als Priester reichten aus, den Erkenntnisstand zu erhöhen. Doch glücklich jene vielen, denen ich begegne und die nie etwas mit Kirche, Klerus, Glauben, zu schaffen hatten! Ihnen blieben zumindest meine Umwege auf dem Weg zur Wahrheit erspart. Doch auch ich kam an ein Ziel, und sogar einen nachhaltigen Ausstieg aus dem Milieu kann ich festmachen.

Schon als Schüler war mir eines klar: In jedem Fall sollte es mehr sein als die Kirche, in deren Dunstkreis ich aufgewachsen war. Was das jugendlich stolze Interesse anzog, war die Weltrevolution. Nicht die marxistische, denn die lag ziemlich ferne, als wir noch die Kapelle des Internats zu nächtlichen

* Zitiert bei: D. Hildebrandt, Lessing. Biographie einer Emanzipation (München 1979), S. 372.

Anbetungsstunden »vor dem Allerheiligsten« für den nächsten Wahlsieg der CDU/CSU nutzten.

Die Revolution war eher religiösen Zuschnitts. Sie verband ihren Anspruch mit der »Apostolischen Bewegung von Schönstatt«. Experten wissen damit genug. Den anderen kann ich nur Andeutungen bieten, da eine Gruppe, zu der ich mich alles in allem zwei Jahrzehnte zählte, nicht in wenigen Sätzen zu charakterisieren ist. Nur so viel: »Schönstatt« wollte stets das Höchste. Das gefiel mir. Geistige Inseln sollten wir sein, Elitepersonal der Gottesmutter (»dreimal wunderbar«), in Theorie und Praxis asketisch dafür geschult, in der Welt, doch nicht von der Welt zu sein.

Was mich bald an dem katholischen Pietismus abstieß, ohne daß ich ebenso früh den Mut aufgebracht hätte, die elitären Kreise zu verlassen, waren nicht die hartleibigen Bedingungen der Psyche, nicht die marianisch-politische Doktrin, nicht der ordensähnliche Alltag derer, die keine Ordensleute sein wollten. Es war der Blick nach oben. Ihn hündisch zu nennen, beleidigte die Tiere.

Alle Söhne, die ich da beobachtete, schauten nämlich gehorsam nur auf das, was von ihrem Vater kam. Dieser »Vater und Gründer der Schönstatt-Familie«, mit bürgerlichem Namen Joseph Kentenich, wirkte nachgerade magisch auf seine Kinder. Was ansonsten gern als »gestandene Männer« bezeichnet wird, beugte sich jedem seiner Worte. Bei ihm, der seine Autorität vom himmlischen Vorbild aller Vaterschaft abzuleiten bat, fühlten sich die Seinen geborgen, falls sie wirklich die Seinen waren.

Frauen, von denen ich aus meiner Kirchenzeit wenig berichten kann, was durchaus als Symptom betrachtet werden darf, handelten diesem Vater gegenüber genauso, wenn auch zurückhaltender. Die frauliche Demut – oder Dienmut – galt als Ausfluß der Seinsordnung, die ein Gottvater eingerichtet hatte, um die Menschheitsfamilie in Ordnung zu halten. Niemand wäre seinerzeit auf die wissenschaftlich nicht uninteressante Idee gekommen, den himmlischen Sachverhalt mit den Kategorien feministischer Soziologie anzugehen, handfest irdische Interessen auszumachen, übliche Optionen eines profitorientierten Patriarchats festzustellen.

Da es angeblich eine unumstößlich gültige Seinsordnung gab, deren Existenz sich, bei etwas gutem Willen und ausreichendem Verstand, rasch erkennen und anerkennen ließ, wurde mir in meiner Schulzeit ein Informations- und Bildungsverbot auferlegt, besser: Ich sah mich zeitweilig davon überzeugt, mir keine Filme, Konzerte, Opern zu gönnen und nichts anderes als die ausufernden Schriften des Joseph Kentenich zu lesen, zumal ich am tunlichsten daran tat, ausschließlich seine Geistigkeit in mich aufzunehmen, um endlich, ein Vater in der Taschenausgabe, auch so zu werden wie er.

Doch wollte sich die Exklusivität nicht bewähren. Der Blick der geistlichen Herren, die schon so geworden waren wie ihr Urvater, machte mich sehr nachdenklich. Ich wollte schließlich Herrn Kentenich selbst sehen und schauen, ob die Äpfel nicht weit vom Stamm fielen.

Ich hatte viele Jahre zu warten, war zum Priester geweiht, als es klappte. Erst mußte der Vater aus der »Verbannung« zurück sein, in die ihn, zu Prüfzwecken, ein Papst geschickt hatte. Dieses Exil des Gründers in den USA verschaffte dem frommen Schönstatt jahrelang Grund für intensive Gebete, aber auch Anlaß zu wenig zimperlicher Kirchenkritik. Diese wiederum beeinflußte mich stark; das offizielle »Rom« war kein Tabu mehr.

Pater Kentenich, ein Abweichler von rechts, über den ich in *Ketzer in Deutschland* schrieb, wirkte wesentlich beeindrukkender als sein Gefolge. Nach dem Gespräch bat er mich, eine Birne aus dem Körbchen mitzunehmen, das seine Nonnen bereitgestellt hatten. Dann betraten wir den Saal, in dem enge Mitarbeiter mit Stenoblock und Tonband auf den Vortrag warteten. Jedes Vaterwort sollte für die Nachwelt aufgezeichnet sein.

Mitten in den packenden Ausführungen über die Neugestaltung von Welt und Kirche packte ich meine Birne aus und biß hinein. Als die Blicke der Kadertruppen daraufhin zwischen der Frucht und dem Vortragenden hin und her liefen und bei letzterem verharrten, um ihm ein Wort väterlicher Mißbilligung abzufordern (das ausblieb!), verließ ich das Gemäuer der Seinsordnung. Es war die Birne, nicht der Apfel, die mich aus diesem Paradies vertrieb.

Seither weiß ich, was ich jahrzehntelang nur ahnte: Das Vaterland der Autorität wird nie meine Heimat sein, Geistesdiktaturen hasse ich, zu Autoritätsgläubigen, oben wie unten, passe ich nicht. Ich schätze sie, Herde und Hirten, Herren und Knechte, ähnlich wenig wie die Kategorien und Selektionen, denen sie sich verdanken. Besondere Vorsicht ist geboten, sooft sich Autorität auf eine rational nicht mehr zu fassende, angeblich höhere Instanz stützt und ihre Methoden von einer Gottheit her legitimiert, die detailgetreu nach den Erfordernissen eben dieser Autorität geschaffen wurde.

Muß ich anfügen, daß meine Haltung wenig mit Luzifers Stolz zu tun hat, jenem Vorwurf aus der Mottenkiste der Ketzerverfolgung, jenem Topos vom Nicht-Dienen-Wollen, der gegen unsereins erneuert wird, sobald Herren und Pfaffen die Argumente ausgehen? Sie verstehen es nicht: Meine Ablehnung entstammt der Einsicht in die Würde des frei geborenen und frei zu haltenden Menschen. Und wie gesagt, von Predigern lasse ich weder mir noch sonstwem erklären, was Freiheit, wahre Freiheit, ist. Geschichte und Gegenwart der Kirchen desavouieren dies Geschwätz.

Oder waren es Aufklärer, Querdenker, Ketzer, die Millionen

ideologisch, psychisch, physisch vernichteten? Steckte je ein Denkender Scheiterhaufen an? Wann nahm er – wie die Inquisitoren – seine Zuflucht zu Folter und Tortur, um Wahrheit durchzusetzen? Führte etwa Vernunft einen der vielen Glaubenskriege, die die Religion anzettelte, legitimierte und durchstand? War Toleranz gegen Andersdenkende nicht nur bei Denkenden zu Hause, Intoleranz hingegen – bis heute, in Europa und anderswo – bei den vermeintlich reinst Religiösen, fundamental Frömmsten? Ein Blick in die Gegenwart lehrt zu unterscheiden: Wer verurteilte einen Schriftsteller wegen Gotteslästerung zum Tod? Wer fordert für andere Autoren Schreibverbot, Hausarrest, Gefängnis? Wer zündete das Hotel an, in dem sich Rushdie-Anhänger aufhielten? Wer schoß auf Ärzte, die Schwangerschaftsabbrüche durchführten? Und welcher Pfaffe, welcher Journalist, welcher Kommentator zeigte für all dies Verständnis?

Wer zu denken lernte, haßt nicht mehr. Ich mache daher allen Mut, die glauben, sie entkämen niemals ihrem Glauben. Ich weise jene auf meine Erfahrungen hin, die noch Angst davor haben, endlich loszulassen und ins Weite zu entkommen, Angst, die Glaubenskrücken wegzuwerfen und auf eigenen Füßen zu stehen. Denn je weniger Hoffnung es für die Kirche und mit ihr gibt, desto mehr läßt sich gegen die Kirche hoffen. In jedem Fall findet sich Rettung aus der Religion, selbst für Leute wie mich, die sich jahrzehntelang durch die Gottesmühle drehen, regelrecht schroten ließen.

Zu den Vätern meiner Jugend fand ich nicht mehr zurück. Sie kümmerten sich ihrerseits ebensowenig um mich, zeigten sich ein einziges Mal entsetzt, als ich die Ostpolitik W. Brandts öffentlich verteidigte, zogen sich ansonsten auf ihre Zirkel zurück, überließen den seinem eigenen Leben, in dem sie den verlorenen Sohn Mariens sahen. Einer meldete sich Jahre darauf, drohte mir an, er schlösse mich künftig in sein Beten –

und, wörtlich!, in sein Leiden – ein. Bezeichnend, daß sich der leidende Beter erst aus Anlaß meiner Heirat um meine Heimkehr sorgte; der ungleich folgenträchtigere theologische Zwist der Jahre zuvor hatte seinesgleichen nicht aus der Defensive locken können.

Joseph Kentenich hatte mich an jenem Vormittag, in wessen Interesse auch immer, »Doctor Ecclesiae«, Kirchenlehrer, genannt; ein doppelsinniges Vaterwort, wie sich zeigen würde. Er verstarb wenig später. Seine Seligsprechung ist geplant; schon 1985 widmete ihm die Deutsche Bundespost eine Sondermarke.

# Es ist nicht mehr zu erkennen, daß Sie sich zur konkreten Kirche bekennen

*Wem ich zu nahe trat*

Ein Lehrer der Kirche, ein Denker, dessen Kraft von Kirchlichkeit in Beschlag genommen ist? Oder einer, der immer bewußter gegen die Kirche denkt, aus unabweisbar erscheinenden, redlichen Gründen Wissenschaftler, »Doctor« sein will und nicht Prediger, also der Kirchenlehre »zu nahe tritt«, wie ein Konkordat es altjüngferlich umschreibt?

Für Lateinkundige erlaube ich mir das Spiel mit Genitiv und Dativ: Die »doctores ecclesiae« waren meist »doctores offensivi«, das heißt, sie wetzten ihren Geist und ihre Federn gegen Abweichler, Andersdenkende, Ketzer – im Namen und im Interesse der offiziellen Kirche. Doch »Doctor ecclesiae (offensivus)« erlaubt auch eine andere Übersetzung: Ein Gelehrter, der der Kirche offensiv begegnet, sich zum Beispiel als Anwalt der von ihr Belästigten begreift. Mit Verlaub, ich ziehe diese zweite Auslegung vor. Ich war auch bereit, die Konsequenzen zu tragen.

Einmal mehr hatte alles anders begonnen. Der damalige Wissenschaftsminister des Landes Nordrhein-Westfalen, Johannes Rau (SPD), berief einen gerade Dreißigjährigen auf einen Lehrstuhl an der feinsten theologischen Fakultät der Republik. Ich sollte in Münster »Katholisches Kirchenrecht« lehren und wurde vom zuständigen Bischof (einem Anhänger Schönstatts!) ähnlich freudig begrüßt wie von den Kollegen, die sich die Stärkung des konservativen Flügels versprachen.

Sie hatten offenbar nicht genau genug hingeschaut, wen sie sich da ins Haus holten. Immerhin hatte es vor dem Ruf nach Münster Grund zum Ärger gegeben, aufmüpfige Worte gegen das Unehelichenunrecht in der Habilitationsschrift, eine Vorlesung als Privatdozent in Bonn, einen wenig zurückhaltenden Leserbrief zu Vorgängen im Vatikan, Äußerungen gegenüber Bischöfen und Theologen in Rom, Bonn und anderswo. Doch war die Nachlässigkeit verständlich, die sie so bald bereuen sollten: Wer das Fach Kirchenrecht gewählt hatte, statt sich einer jener angeblich lebens- und kritiknäheren Disziplinen wie Bibelexegese, Kirchengeschichte, Fundamental- oder Moraltheologie zu verschreiben, bot im allgemeinen die Gewähr für Kirchlichkeit. Freiwillig mühte sich anscheinend keiner um dieses ungeliebte Pflichtfach, das gleichsam Skelett und Außenhaut der Kirche zu beforschen hatte – und dessen Themen bis heute weniger publikumswirksam blieben als dogmatische und ethische Probleme.

Ein folgenschwerer Binsenirrtum: Wer die Realität der Institution Kirche kennt, weiß so gut wie Bischöfe, Generalvikare und Parteipolitiker, wie wichtig Strukturen im Alltag sind, wie einschneidend Normen wirken und wie häufig (und offensichtlich unbelehrbar) gerade Gutwillige sich die Köpfe an den beinharten Kirchenparagraphen einrennen. Beispiele sind das Finanzgebaren der Kirche, das Weihe-, Ehe-, Straf- und Prozeßrecht.

Meine Entscheidung als kant-, hegel-, sartrefreudiger Student, das Tübinger Angebot, Philosophie intensiver zu studieren und schließlich zu lehren, auszuschlagen und statt dessen ausgerechnet Kirchenrecht zu wählen, gründete gewiß in einem frühen Sinn für innerkirchliche Wirklichkeit. Mit der begründeten Aussicht auf eine Karriere, die manche für mich ausguckten, hatte die Wahl nichts zu tun. Später, in Rom, schlug ich Offerten aus; der Arme, der eine von ihnen akzeptierte, muß mittlerweile das Leben eines Erzbischofs fristen.

Noch bin ich der vergleichsweise selten anzutreffenden Meinung, daß die römische Kirche auf Recht und nur auf Recht basiert, auf Strukturen der Macht, auf Ableitungen aus Einfluß, Prestige, Geld – und den spekulativen Überbau allein aus taktischen Gründen beibehält und fördert. Denn immer wieder erfuhr ich die Wahrheit, die mir Heinrich Böll einmal nannte: Über jedes Dogma läßt diese Organisation mit sich reden; wer aber ihre Finanzen, ihre Rechte und Privilegien tangiert, muß mit dem Schlimmsten rechnen. Ich behaupte nicht, ich hätte diese Wahrheit unbedingt erproben wollen. Doch unternahm ich auch nichts gegen die Chance, sie am eigenen Leib zu erfahren.

Meine Antrittsvorlesung befaßte sich mit der im progressiven Milieu als etwas abseitig empfundenen Frage, ob die konziliare Reform am Kirchenrecht scheitern werde. Einige Schrittmacher fühlten sich daraufhin unpäßlich. Was sie hörten, paßte nicht in ihre Kirchenspekulation: Der unter ihresgleichen hochgelobte Geist des Konzils beging seinen folgeträchtigsten Fehler darin, sich der Wende und dem Zukunftstraum hinzugeben, die Normierung des Alltags aber den – wenig utopischen – Spezialisten zu überlassen.

In den folgenden Jahren, als sich die kaum erneuerten Paragraphen durchsetzten und der Papst auf sein Kirchenrecht zurückgriff, zerstob nach und nach manch eitler Reformwunsch; ich verspürte Schadenfreude. Diese richtet sich immer noch gegen die Auch-Reformer, eine elend weitverbreitete, jämmerlich progressive Spezies in Kirche und Gesellschaft, die stets und sichtbar auf der höchsten Welle mitschwimmt, solange es sich rentiert, und nach Gusto wieder verstummt, in jene innere Emigration abwandert, die sie für bequem genug hält, sich einzurichten, die eigenen

Wunden zu lecken und sich dafür mit denen der Welt abzufinden.

Die Herde kritisiere ich an dieser Stelle kaum. Die meisten Gläubigen wurden von jenen Ohrenbläsern des konziliaren Geistes betrogen, die jede Gutgläubigkeit für ihre Achtelstheologien nutzten und sich an der entsprechenden Literatur krumm verdienten. Die geschmeidigsten Profiteure der »Reform« und ihre Gazetten beuteten die Menschen damals schlichtweg aus, verpflichteten sie auf die Mitsorge um eine angebliche Konzilskirche, lenkten sie ab von ihren wirklichen Lebensproblemen.

Erst heute beginnt der Betrug sich herauszustellen und öffentlich zu rächen, dies freilich nicht an den Profittheologen, die ihre Schäfchen im trockenen haben. Steigende Austrittszahlen beweisen unter anderem, daß niemand in der Kirche, schon gar nicht die Auch-Reformer, auf Dauer mit dem guten Willen und der Sehnsucht nach Änderung Schindluder treiben darf.

Für die Anliegen von Auch-Reformern bringe ich kein Verständnis, kein Buch auf; sich ernsthaft mit Progressisten zu befassen, hielt ich immer für unnütz. Sollen die ihre Probleme selber wälzen, sich um ein neues nettes Dogmendetail streiten und da ein Nörmchen, ein Hirtlein dort kritisieren. Sie stellten sich ungefragt die Aufgabe, darauf zu warten, daß die Kirche sich ändert. Da können sie lange reden, ringen, ramschen. Hohle Hoffnungen greife ich nicht auf, teile sie nicht, lasse sie denen, die damit leben wollen. Solche brauchen keine Querdenker, bringen keine hervor. Sie haben genug mit ihresgleichen zu tun, Kirche, Welt, Zukunft an selbstgewählten Maßstäben zu messen, die Grenze des Erträglichen, Denkbaren, Möglichen da anzusetzen, wo ihr Verstand aussetzt.

Ich trete relativ selten den goldbrokatigen, schattiert-violetten und nachtschwarzen Amtsträgern der Kirche zu nahe, auch wenn sie sich immer hasenherziger gebärden und zu den windigen Argumenten eines ehemaligen Zeitgeistes greifen, um ihre gegenwärtige Machtposition zu legitimieren und ins nächste Jahrhundert zu transportieren. Wer Hirte werden und bleiben will, das lernte ich bei Gelegenheit, muß bestimmte Charakterstrukturen aufweisen. Diese Herren brauche ich nicht geringzuschätzen; sie empfingen bereits ihren Lohn. Sie, die nicht leiden, tun mir leid, und ich bedaure höchstens, solche als Zeitgenossen zu haben.

Tapfer seid Ihr schon,
Ihr Herren im Palais,
Stellt Eure goldnen Kreuze
den Armen frei zur Schau.

Ausgesprochen kühn,
Ihr Väter, Bischöfe,
andern Kinder anzuraten,
die eignen zu verstecken.

Die Courage habt Ihr gar,
Herren, Hochwürdigste,
den Krieg gerecht zu heißen
und weit vom Schuß zu sein.

Eins muß ich Euch lassen,
Exzellenzen, Ihr,
Konsequenz ist Eure Stärke:
Wozu auf Gottesackern noch Mut?

Die konservativsten Theologen beiseite; sie können es nicht besser. Sie zitieren ihresgleichen lebenslang, wechselseitig, verständnisfern; dafür brauchen sie nichts Neues zu denken. So kann einer durch viele Kirchenjahre kommen, und hat er beim Nuntius gute Karten, wird er Bischof. Innovativ nenne ich solche Forscher nicht; traditionell ist ihre Attitüde, nichts zu schaffen, doch das von anderen Geschaffene, das bei anderen Entwickelte in Elemente umzuwandeln, die »der Kirche« nutzen.

Wirklich respektlos bin ich gegenüber Gruppen und Personen innerhalb wie außerhalb der Kirche, die nach zweihundert Jahren Aufklärung und Bibelkritik, nach hundert Jahren David Friedrich Strauss, Nietzsche, Freud, gesellschaftlich und politisch so tun, als hätten Altkirche und »Glaube« noch eine Existenzberechtigung auf der Welt. Denen trete ich, nach wie vor, zu nahe. Denn verächtlich handeln die Berufstheologen, die hin und wieder ihr Fündlein Moderne machen und denen, die noch auf solches Geschwätz achten, suggerieren, der eine oder der andere Satz des Glaubens oder der Moral brauche lediglich weniger leidlich interpretiert zu werden, damit alles wieder im Lot sei und den Heiligen Vater nicht vergräme.

Wie soll ich es einschätzen, wenn zum dutzendstenmal die Nachfrage über Irrwege des Katholizismus oder über den Marsch dieser Minderheit ins Ghetto ergeht und Beiträge zu irgendeinem weiteren Sammelband erfragt werden? Soll schon wieder der Weg zum Heil durch Reform gewiesen und gerettet werden, was nicht mehr zu retten ist? Müssen wir Außenstehende, neuerdings auffallend dringlich zur Mitarbeit eingeladen, wieder ein bißchen Interesse für die Nabelschauen aufbringen, uns also nochmals und immer noch um Seelchen und Seelchensorger scheren?

Schweigen wir über Herrn Wojtyla!, hatte Böll vor über einem Jahrzehnt geraten. 1983 schrieb ich eigens ein Buch für den *Spiegel* über diesen Papst, den »heiligen Narren«, riet diesem zum Schluß die Abdankung an. Weshalb überhaupt? Mitten in einer Phase des Jubels, als viele unbedarfte Journalisten und Theologen die Stimmung für den »Neuen« anheizten und Millionen Menschen noch auf diesen Leim gingen, versuchte ich aufzudecken, welch unmögliche Inhalte Johannes Paul II. vertrat – und mit welchen ebenso unmöglichen Methoden er sie anzupreisen und durchzusetzen begonnen hatte. Ich erführe gern, was die Jubelperser von damals heute über Karol Wojtyla denken; vielleicht lernten sie in den letzten zehn Jahren hinzu. Das Gegenteil ist wahrscheinlicher; spätestens beim nächsten Konklave werden wir erleben, wie weit der Lernprozeß fortschritt.

Albern genug, daß die Medien, durchaus nicht nur die bischöflich kontrollierten, sich nach wie vor auf jedes noch so unbedeutende Wort eines herumreisenden Papstes (und welches wäre je bedeutsam gewesen?) oder auf die Eskapaden fettleibiger Bischöfe stürzen, als handle es sich um Meldungen von Gewicht. Läppisch, wie Hirtenbriefe angekündigt, abgedruckt, kommentiert werden. Es läßt recht eindeutige Rückschlüsse zu, wie willfährig Journalisten mitteilen, was jenen Hirten in Sachen Menschenrechte, Demokratie, Moral gerade einfiel, die sich ihrerseits, nach innen, um derlei am wenigsten sorgen.

In den Medien wie im politischen Geschäft sind Kirche, Glaube, Religion traditionell überrepräsentiert; ihre tatsächliche Bedeutung entspricht längst nicht dem Aufwand.

Es schüttelt mich, wenn ich daran denke, wie gehorsamsgläubig der katholische Bevölkerungsteil ist, wie er teils jedem Mitraträger, teils jedem vermeintlich progressiven Theologen nachläuft. Und ich bin traurig, wenn ich feststellen muß, daß sich offenbar die Charakterstruktur der »guten Gläubigen« so leicht nicht ändert. Gläubige wollen eben geführt, das heißt an der Nase herumgeführt sein. Nicht ohne Grund bleibt der Katholizismus die infantilste Religion der Erde. Seine Problemstellungen und »Lösungen« sind auf Gehorsam und Gehorsamserziehung ausgerichtet, vegetieren weitab vom neuzeitlichen, selbständig aufrechten Menschenrechts- und Demokratiebewußtsein. Klar ist dieser schlimme Sachverhalt allenfalls den Bischöfen und Theologen, die von ihm ideologisch und finanziell profitieren.

Die Oberhirten und ihre Ratgeber wissen seit geraumer Zeit, daß sich ihre Kirche mehr und mehr in den Winkel der Welt manövrierte. Religion, Glaube, Kirche rutschten nach neuesten Umfragen an das Ende der Interessenskala. Eine Befragung des Magazins *Focus* vom Sommer 1993 erbrachte Resultate, die in den Vorstandsetagen der Kirchen bekannt gewesen sein dürften: Auf die Frage, welche Themen in der Zukunft für »sehr wichtig« erachtet würden, erzielte zum Beispiel die Berufsausbildung 72 Prozent, die Gesundheitsvorsorge 69 Prozent, das Umweltproblem 62 Prozent – und der kirchliche Glaube, als unterster Wert, ganze 9 Prozent.*

Nichts deutet darauf hin, daß sich diese Blamage für eine Amtskirche, die zwei Jahrtausende hindurch ihre Spezialinteressen als die der Menschheit verkaufte, je beheben lassen wird. Die Lage der Christenheit wird sich nicht nochmals grundsätzlich bessern. Was sich gegenwärtig in Deutschland ereignet, der massenhafte Auszug aus den Kirchen, ist nur ein Symptom dafür, daß der Anfang vom Ende erreicht ist. Wer die schwere Krankheit seiner Kirche als behebbaren Schnupfen deutet, wer die Gegenwart aussitzen will und Durchhalteparolen ausgibt, wer die tiefe Krise der Religion als Nutzkrise verwertet, vom Gesundschrumpfen faselt und diejenigen, die gehen, als Menschen betrachtet, die ohnedies keine Werte für die Institution bedeuteten, handelt unverantwortlich.

Es scheint, als habe der Vatikan in den letzten Jahren damit begonnen, Folgerungen aus der neuesten traurigen Befindlichkeit zu ziehen. Mehr und mehr predigen Kuriale die Ökumene. Ein Kardinal gibt, 1993 auf der Weltkonferenz der Kirchen in

* *Focus* Nr. 32/1993 vom 9. 8. 1993, S. 43.

Santiago de Compostela, sogar zu erkennen, daß die römische Kirche noch mehr zum Dialog mit den getrennten Brüdern und Schwestern bereit sei – und selbst die »Autorität des Papstes kein Tabu« mehr darstelle. Gewiß, den Herren steht das Wasser bis zum Hals. Daher packen sie den Zeitgeist beim Schopf, vermuten in ihm das Wehen des Heiligen Geistes und sorgen sich um die »Einheit«: Hat die christliche Religion überhaupt noch eine Überlebenschance, dann muß sie als geeinte Truppe auftreten. Wir werden vielleicht früher als erwartet die »Wiedervereinigung« erleben; wieder einmal triumphieren die Sachzwänge über die dogmatischen Bedenken von früher, und Vater Papst nennt sich fortan Bruder.

Die Herde, um jeden Lichtblick froh, weiß sich danach zu richten. Gerade, wenn es wieder einmal um Reform geht, wird sichtbar, wie tief der gehorsame Blick nach oben im katholischen Unterbewußtsein wurzelt, wie stark die Erwartungshaltung gegenüber jeder Fremdbestimmung durch jede Autorität in der gläubigen Psyche verankert ist: Guter, heiliger Papa in Rom, sprich bitte, mach's uns doch leichter, erlaube, gestatte, bewillige ein bißchen, ändere die herrschende Praxis, beschimpfe die Protestanten nicht mehr gar so schlimm wie deine Vorgänger, laß deine Priester heiraten, die Eheleute Pille und Kondom einsetzen, ein paar Mädchen und Frauen an den Altarstufen zu Füßen des Denkmals Platz nehmen, dann glauben wir wieder wie eh und je, als fröhliche Gotteskinder!

Gotteslämmer hoffen noch immer auf ihr bißchen Chance, und sie nehmen – spezifisch katholisch – die Lösung nicht selbst in die Hand, sondern erwarten sie vom Papst. Ein neuer Johannes XXIII. statt des überlebten Johannes Paul II., und alle Halben wären wieder voll da ... Als ob eine nach kirchenpolitischem Kalkül austauschbare Figur je etwas änderte! Lächerlich! Verachtenswert!

Die fähigsten Theologen der Kirche sind keinen Deut besser.

Soll ich jene achten, die ein Stück Dogma herauspicken und es ein wenig neuzeitlicher als der Vatikan deuten, ohne sich je öffentlich der Frage auszusetzen, was mit dem riesigen Rest Unvernunft in den verbleibenden Glaubensnormen sei? Muß ich jene schätzen, die edle Worte für den Pflichtzölibat finden und sich in aller Stille ihre Lebensabschnittsgefährtin halten? Ist etwas anderes als Verachtung gegenüber jenen angebracht, die längst wissen, wie viele Menschenopfer Dogma und Moral der Kirchen forderten, jedoch unangefochten auf ihren Lehrstühlen ausharren?

Nein, den Weg dieser Herren wollte ich nicht mitgehen; ihre Angebote schlug ich aus. Sie wunderten sich gehörig über meine Inkonsequenz; manche sind noch immer nicht mit mir fertig, wählen die andere Straßenseite, wenn sie mich kommen sehen.

Keine Akzeptanz, keine Vereinnahmung, keine Bestechung. Kaum hatte ich eigenständig zu lehren begonnen, bekam ich es mit dem Normalmilieu zu tun. Bereits nach meinem ersten Vortrag vor »Laien« zeigte mich ein Mitchrist und Mitschreiber an; ihm sollten viele Ärgernisbereite folgen, zumal Denunziation zur Kirche gehört wie der Schwanz zum Hund. Ein Kardinal und Ketzerjäger, zuvor tiefeingeschworener Kriegspfarrer in Hitlers Armee, reihte sich ein, verlangte sofortiges Einschreiten gegen den Jungprofessor, der über »die Ehre, Christ und Sozialist zu sein«, gesprochen hatte, zusammen mit dem damaligen Ministerpräsidenten Heinz Kühn und dem Publizisten Walter Dirks.

die rechte religion
wir haben sie

gott staune
wendet einer ein

soll er doch
sagen wir

Dann, 1972, wurde zwar einem »Wörterbuch des Kirchenrechts«, das erstmals Spezialbegriffe für Studium und Praxis erläutern sollte und einigen theologischen Zündstoff aufwies, die kirchliche Druckerlaubnis erteilt, doch nicht meinem »Eherecht«, das ebenfalls der kirchenabhängige Herder-Verlag herausbringen wollte. Ich erfuhr eher beiläufig Gründe für die Ablehnung des Imprimatur, doch trotz mehrfacher Bitte nie die Namen jener Kollegen, die das Manuskript zensiert und gerichtet hatten. Die Weigerung ärgerte mich: Kaum hatte ich mit Müh und Not versucht, dem Fach Kirchenrecht wieder zu Ansehen zu verhelfen, dieses den Studierenden wenigstens als »Notordnung« schmackhaft zu machen, da mußten wir schon entsetzt erleben, daß die hohe Theorie keiner amtskirchlichen Praxis standhielt.

Zwanzig Jahre danach sprachen mich auf einer Vortragsreise durch Süddeutschland ehemalige Studenten darauf an, wie ich ihnen in den siebziger Jahren als Hoffnungsträger erschienen sei, wie tief ihre Enttäuschung über das saß, was die Bischöfe mit dieser Hoffnungsarbeit angestellt hatten, wie schlapp sich seither in der Bundesrepublik das Fach Kirchenrecht wieder ausmache. Ähnliches hörte ich jüngst vom Innenminister des Landes Nordrhein-Westfalen, als er mir gegenüber bedauerte, in Münster sei »nichts mehr los«. Ob Johannes Rau, mittlerweile Ministerpräsident, die Meinung eines Genossen teilt, bleibt fraglich.

Noch ein kleiner Schritt: Ich hatte mehrfach in Vorlesungen gesagt, meine Aufgabe sei die des geduldig in der Kirche bohrenden Bücherwurms, auch verstünde ich mich als Professor, der von Berufs wegen Parolen gegen das kirchliche Geschäftsgebaren zu liefern, gleichsam die Transparente der

Demonstrationen zu beschriften habe. Der Bischof lud mich 1973 vor, drohte mir mit Entzug der Lehrerlaubnis und erhielt die Antwort: Tun Sie das bitte sofort! An Ihrer Stelle ließe ich so einen wie mich keinen Tag weitermachen! Wenn schon Gewalt, dann konsequent!

Der Bischof stand verblüfft, hielt für einen Scherz, was ich ernst gemeint hatte. Als es schließlich auf beiden Seiten ernst wurde und ich, aufgrund vielfacher Anzeigen, 1975 erneut zitiert wurde, lehnte ich das Angebot ab, versagte mich mehrfach dem »Dialog«. Ich hatte in der Zwischenzeit bei anderen zuviel gesehen und an mir selbst erlebt, als daß ich den Sirenenklängen der Gewalt auf den Leim gegangen wäre. Faseln Oberhirten von Gespräch, ist Vorsicht am Platz.

Noch am wenigsten hätte mich die – wie üblich ungeschickte – Einladung des Vorsitzenden der Deutschen Bischofskonferenz, des Kardinals Döpfner (München) umgestimmt, die, statt auch nur ein einziges Sachargument anzuführen, ein fabelhaftes Gehorsamsgelübde »als Priester wie als Professor« anmahnte. Der deutliche Hinweis des Kirchenfürsten auf Gehorsam fehlte mir gerade noch: Professor sein, da bin ich wertkonservativ, bedeutet nicht irgendeiner Meinungs- und Lehrautorität unterworfen zu sein, sondern sich offen und öffentlich zu seiner Überzeugung zu bekennen. Von dieser Regel kenne ich keine Ausnahme; paßt sie auf katholische Theologen nicht, haben diese an der Universität nichts zu suchen. Ihnen empfehle ich den Rückzug in ein Priesterseminar, Forschung und Lehre im Talar, geistige Heimat im Dunstkreis des bischöflichen Lehramtes.

Wer, ein besonders törichter Einwand, mein Recht bestreitet, für andere einzutreten und auszusprechen, was nötig ist, lernte noch nicht, daß der Hochschullehrer einen gesellschaftlichen Auftrag, eine demokratische Legitimation hat, Vorzüge, die kein Bischof genießt. Einsichtig, daß Hirten solche Wahrheit nicht gern hören, verständlich, daß sie sich gegen Einsicht mit den Waffen verteidigen, die ihnen noch heute nicht genommen sind. Den Bischof von Münster traf es als ersten, sich konkret zu wehren; ich hätte mich auch, was seinem Gewissen guttat (wie er mir sagte), mit jedem anderen angelegt.

weinen kann ein hirt
gründe gibt es genug
glaube gehorsam
alles geht zurück

lachen muß das volk
es lernte sehen
herren achten nur
ihre moral unser geld

hätten hirten demut geübt
wären sie wie sie sagen
müßte keiner sie demütigen
wie sie wieder weinen

Es kam, wie es kommen mußte: Ich verlachte das angeblich klärende Gespräch der Oberhirten, ging keine Kompromisse ein, verteidigte zugunsten der – in der ganzen Angelegenheit nie befragten – Studierenden mein Amt, unterschrieb die vorbereitete Liste voller Widerrufe nicht – und verlor bewußt, gewollt, genau fünf Jahre nach Amtsantritt die Lehrerlaubnis. Das ging gegen Ende, zum Semesterbeginn, sehr schnell, denn der Bischof von Münster, der sich mittlerweile Rückendeckung bei anderen Bischöfen geholt hatte, erklärte mich – wörtlich! – zum »gefährlichsten Theologen Deutschlands«, dem nicht mehr gestattet werden könne, auch nur eine Stunde mehr die studierende Jugend zu gefährden.

Mir war es recht. Jeder Informierte weiß, daß ich keineswegs geschaßt wurde, sondern von einem unsicher agierenden Bischof wie von anderen goldene Brücken gebaut bekam, die ich allesamt nicht betreten wollte. Hin und wieder wundere ich mich über meine Unbekümmertheit, Furchtlosigkeit, Dreistigkeit von damals – und über die Angst eines Bischofs, der mich wieder und wieder beschwor, den leichteren Weg zu gehen und den sich abzeichnenden Skandal vermeiden zu helfen.

Erster Fall in der Bundesrepublik, erstes Futter für Medien. Viel konkrete Solidarität von überall her, Plakate, Demos, politische Stellungnahmen. Wenig Hilfe von Kollegen, Ausnahmen machten D. Sölle, U. Ranke-Heinemann, N. Greinacher, H. Vorgrimler, G. Hasenhüttl. Doch Theologieprofessoren quer durch die Bundesrepublik versicherten mich ihres Verständnisses, ihrer Zustimmung, wollten allerdings nicht öffentlich genannt sein. Keine Unterstützung kam von H. Küng oder K. Rahner, starke von Intellektuellen, so ein Telegramm von Gregor-Dellin, Jens, Jungk, Kesten, Kroetz, Lenz, Rinser, Wallraff, Walser, Zwerenz.

Böll bot schon am ersten Tag persönliche Gespräche, rief immer wieder an, lud zum Besuch ein, schrieb einen Leitartikel. Viel Gegenfeuer ungefragt von der Reaktion: Ein neuer Kulturkampf bahnt sich an, hieß es da, SPD und F.D.P. rächen sich an der Kirche, die Große Koalition der Kirchenhasser fügt sich zusammen. Betrachte ich die folgenden »Fälle«, fällt auf, daß sich bei Küng, Ranke-Heinemann, Drewermann kaum mehr Schriftsteller zu Wort meldeten; offensichtlich gerieten Kirchenquerelen jedem Denkenden zur Bagatelle.

Wen es interessiert: Ich blieb unbewegter als meine Gegner, meine Freunde, schlief keine Stunde in den unruhigen Wochen schlecht, fühlte mich in meiner Erkenntnis geborgen, wußte, daß diese nicht die Gegenwart, doch die Zukunft für sich haben würde, tat den ersten wie den letzten Schritt, brauchte nicht nur zu reagieren, wurde von keiner Maßnahme überrascht.

Hier hatte es sich gelohnt, Jura statt Exegese studiert zu haben und zu wissen, was rechtlich, staatskirchenrechtlich, konkordatär möglich war und was nicht. Im Glaubensalltag mag es manchen anders erscheinen, doch wenn es in der Kirche darauf ankommt und ans Eingemachte geht, ist es hilfreich, ein Jurist zu sein und kein Träumer. Weder bewährte Frömmigkeit noch Kenntnis von Bibelstellen helfen dem weiter, der mit Bischöfen verhandelt.

Ich erlebte gewiß unhöfliche Momente, vernahm den Vorwurf, fremdbestimmt, vorgeschoben zu sein, jung wie ich war, hörte Andeutungen über meine Geburt, meinen Vornamen, war der Vermutung ausgesetzt, schizophren zu sein. Niemand schien einsehen zu wollen, daß einer kommen und den Ast, auf dem ich (wie viele andere) saß, absägen mußte.

Doch auch die komische Seite fehlte nicht: Erstmals erfuhr ich von dem drohenden Eingriff, als ich Dekan war – und in amtlicher Eigenschaft gegen mich selbst vorgehen sollte. Der exekutierende Bischof fragte mich, den einzigen greifbar nahen Kirchenrechtler, hin und wieder auch um Rat. Allen Ernstes sollte ich leicht gespalten handeln, als Experte den Oberhirten beraten, wie er gegen Herrmann vorzugehen habe. Die Anekdote zeigt, wie gut wir uns außeramtlich verstanden; noch immer besuche ich das Grab des Bischofs Heinrich Tenhumberg im Hohen Dom zu Münster.

Dieser hatte mich bei Minister Rau förmlich beanstandet, weil ich der Lehre der Kirche zu nahe getreten und damit unzumutbar geworden sei. Das war der rechtsgültige Wortlaut des Konkordats zwischen dem Heiligen Stuhl und Preußen von 1929, nach dem ich gerichtet werden sollte. Die weiteren

Einzelheiten blieben strittig. Der Bischof, unerfahren, von interessierter Seite gedrängt, sollte ein Exempel statuieren, meinte, ich hätte innerhalb von zwei Wochen den Fachbereich Katholische Theologie zu verlassen, bot mir an, das Berufsverbot zu mildern, sich an der Universität für mich Arbeitslosen zu verwenden, eine andere Stelle, bei den Juristen, Historikern, evangelischen Theologen, zu beschaffen.

Ich plante anderes, wußte, daß es rechtlich nicht zulässig war, einen Hochschullehrer gegen seinen Willen aus einer Fakultät zu entfernen, in eine andere »umzusetzen«. Deshalb blieb ich noch fast sechs Jahre lang sitzen, kündigte meine Lehrveranstaltungen an (die im Vorlesungsverzeichnis ein Sternchen für »nicht anzuerkennen« bekamen), betreute Studenten, nahm an den Sitzungen des Fachbereichs teil, promovierte, habilitierte wacker mit.

Die oberhirtliche Maschinerie hingegen kam in jedem Jahr, das ins Land ging, mehr ins Stottern. Amtskirchenleute bombardierten den Wissenschaftsminister (insgesamt drei) mit Brandbriefen, endlich die Angelegenheit zu einem Ende zu bringen – und erreichten nichts. Hier wurde bischöfliche Macht einmal vorgeführt, klerikale Ohnmacht demonstriert. Erst als ich mich bei den Theologen satt gesehen, die Soziologie gewählt hatte, konnten Bischöfe und Minister aufatmen. Ich ging 1981 freiwillig, bekam ein entsprechendes Dankschreiben des Ministers mit auf den Weg – und ein erkleckliches Sümmchen als Handgeld, um im Institut für Soziologie eine Spezialbibliothek für mein neues Fach aufzubauen.

In der Zwischenzeit hatte ich einen kirchlichen Prozeß gegen den Bischof angestrengt, ihn angezeigt, weil er gegen mich vorgegangen war, ohne meine Theologie auch nur einmal einer Fachdiskussion auszusetzen. Ein Lehrbeanstandungsverfahren kam in Gang, zwang Bischöfe monatelang, sich mit meinen Schriften zu befassen, erforderte einen aus der Kirchenkasse bezahlten Pflichtanwalt. Am Ende der oberhirtlichen Beweisnot stand, wie nicht anders zu erwarten, meine Verurteilung. Nun hatte ich schriftlich, daß ich – was Wunder! – nicht nur ein politischer Häretiker war, der die Kleinigkeit Kirchensteuer bestritt, sondern ein veritabler Ketzer, der die Stiftung der Kirche Roms durch Jesus von Nazareth leugnete und keinerlei Achtung vor Dogmenspezialitäten ähnlicher Preislage bewies.

Da ich nun schon ein amtlich anerkannter schlimmer Feger war, schickte ich das Verdammungsdekret nicht nur nach Rom, an die höchste Revisionsinstanz, sondern auch an alle bundesdeutschen Fakultäten der katholischen Theologie. Beides brachte nichts: Aus Rom kam die Bestätigung des Ketzerurteils, von keinem Kollegen eine Antwort. Nur Bischöfe gaben sich noch Jahre wegen meiner Aufklärungsarbeit beleidigt, nicht wenige lehnen Einladungen zu Talkshows, Podiumsdiskussionen, Interviews noch heute ab, ziehen Zusagen zurück, sobald sie erfahren, daß »der Zyniker« mitmacht, schlagen ersatzweise sozialverträgliche Kritiker vor.

Dieses Verhalten soll gewiß unterstreichen, daß über mich Unperson der soziale Tod verhängt wurde. Die Hirten mögen sich denken, wenn sie Kirchenkritiker schon nicht mehr totschlagen lassen können, so doch totschweigen. Und Theologen mochten mitziehen, so gut sie eben konnten, mich aus ihren Fußnoten streichen, keinen meiner Sätze zitieren. Diese »damnatio memoriae«, die Löschung der Erinnerung an Menschen und Bücher, hat Tradition in der Kirche und ihrer Wissenschaft. Doch ging das gläubig menschenmißachtende Kalkül noch nie auf.

Ein Lehrbeanstandungsverfahren, seinerzeit das erste im Land, wurde nicht mehr geführt. Die folgenden Fälle kamen offenbar ohne es aus; die Bischöfe erschienen darüber nicht traurig. So etwas durfte ihnen nicht mehr passieren: Nicht von ungefähr veranlaßten sie die nordrhein-westfälische Landesregierung und die SPD-Mehrheit im Parlament, ein paar Jahre später ein Halbkonkordat abzuschließen, das ihnen künftig die Erfahrungen erspart, die sie mit mir machen mußten.

Nicht, daß ich aus den jahrelangen Vorgängen nichts gelernt hätte. Die Unfähigkeit selbst gutwilliger Bischöfe, sich auf theologische Fragen einzulassen und Sachdiskussionen zu führen, kannte ich bereits. Ebenso sicher wußte ich, daß nichts rachsüchtiger ist als christliche Demut; wer sich mit Demütigen befaßt, besudelt sich. Neu war die Erkenntnis, daß die Zeit noch nicht reif für meine Themen war, die Parteipolitik desgleichen.

Stark ins Grübeln brachte mich auch, daß der Bischof fassungslos auf meinen Hinweis reagiert hatte, ich hätte selten so viel gebetet wie bei der Niederschrift des für den ganzen Wirbel verantwortlichen Buches *Ein unmoralisches Verhältnis. Bemerkungen eines Betroffenen zur Lage von Staat und Kirche in der Bundesrepublik Deutschland* (1974). In der Tat, dieses Buch, heute für mich in seinem reformgläubigen Impetus überholt und in der Sache völlig folgenlos geblieben, wurde »erbetet«. Das mag Konfessionslosen merkwürdig vorkommen, einem Bischof sollte es keine Kopfschmerzen bereiten. Dachte ich damals. Doch weiß ich inzwischen, daß Kleriker, meist unfroh gezeichnete Karrieristen, die gewohnt sind, in Schwarzweißkategorien zu denken, außerstande sind, bei anderen, gar bei Querdenkern, irgendeinen Gottbezug zu vermuten.

Hintenherum flüsterten sie unverdrossen, denunzierten nach wie vor, klärten brave Gemeindemitglieder in ihrem Sinne auf, verbargen das Amt hinter anonymem Schmutz, zeigten sich namenlos mutig, widerstanden mir nicht ins Angesicht. Damals verstand ich erstmals Hermann Hesse: »Daß die Pfaffen im heutigen Germanien gegen unsereinen die Standhaftigkeit und Angriffslust aufbringen würden, die sie gegen Hitler nicht hatten, war zu erwarten, es ist da nichts, was mich wundert.«*

Die entschieden Dümmsten unter ihnen hielten es für pharisäische Gewohnheit, daß ich noch Jahre nach dem Entzug der Lehrerlaubnis Tag für Tag in einem Münsterländer Dorf mit Gläubigen die Messe feierte. Sie überschätzten ihren Verstand bei weitem: Wer würde schon Tag für Tag freiwillig früher aufstehen, um zu heucheln, wer sich jahrelang ohne Aussicht auf Gewinn verausgaben, wer hoffen, ausgerechnet das Messelesen brächte dem das Lehramt wieder, der es aus eigenen Stücken drangab? Als ich persönlich soweit war, das Priestertum für ebenso unnütz und irreformabel wie die ganze Kirche zu halten, hörte ich von alleine auf, Zeit zu verschwenden. Alternativen waren wichtiger geworden. Sie erlaubten, Mensch unter Menschen zu sein.

Es sei nicht mehr zu erkennen gewesen, daß ich mich mit der konkreten Kirche identifizierte und mich zu dieser bekennte, hatte 1975 der Hauptsatz in einem Schreiben des Bischofs gelautet. Richtig. Mit seiner konkreten Kirche hatte ich gebrochen, doch nahm und nehme ich mir die Freiheit, mich mit den Menschen zu identifizieren, die unter ihren Hirten litten und leiden. Nimmt die Deutsche Bischofskonferenz diese Menschen aus der »konkreten Kirche« aus, ist das ihre Sache, ihre Schande. Längst ist nicht mehr zu erkennen, daß sich die konkrete Amtskirche zu etwas anderem als zu sich selbst bekennt. Ich lehne es ab, Lehrer oder Priester dieser Institution zu sein.

Eine Episode unterstreicht diese Auffassung: Der Prozeß, den ich gegen den Bischof führte, brachte es mit sich, daß gelehrte Themen hin und her gewälzt werden mußten. Die

* H. Hesse, »Politik des Gewissens«, in: Politische Schriften II (Frankfurt a. M. 1977), S. 767.

Bischofskonferenz hatte Experten gegen mich aufgeboten, und die Gutachten brachten diesen einen dogmatischen und finanziellen Gewinn. Aber es gab auch mündliche Verhandlungen, Anhörungen des Klägers und des Beklagten. Die Männerrunde – fünf Theologieprofessoren, fünf Bischöfe, ein angehender Ketzer – traf sich immer wieder und schürfte.

Auf jeder Sitzung mußte ich mir das eine oder das andere Stückchen Dogma vorlegen lassen, das sich partout auf den göttlichen Urheber der Kirche Roms zurückführen lassen wollte – und das ich Unbefugter angeknabbert haben sollte. Die Luft war schwanger von Zitationen der Kirchenlehrer, der Konzilien, der Evangelisten, ja selbst des Heiligen Geistes. Als ich aber selber, fast schon eingeschüchtert von soviel Beweismaterial, es wagte, in einer Detailfrage erstmals die, wie ich meinte, verbindliche Aussage Jesu einzuführen, schnitt mir der Chefideologe das Wort ab: »Sie können sich doch nicht, wenn es Ihnen paßt, auf das liebe Jesulein berufen!« Da wußte ich, wo sie ihn begraben hatten. Es ist da nichts, was mich wundert.

# Toter Glaube, lebe wohl!

*Worin ich keine Kompromisse kenne*

Die Kirche das Grab Gottes, unter Wissenden ein Gemeinplatz. Also über den Tatbestand schweigen wie viele? Wer sich – in Deutschland selten – auf konsequente Kirchen- und Religionskritik einläßt, sich nicht wie die immer wieder auftauchenden Hofnarren-Theologen mit Reformspielchen begnügt, sondern jahrzehntelang das Bohren dicker Bretter betreibt, ist in der Tat immer wieder versucht, sich nicht mehr besudeln zu lassen von der rachsüchtigen Nächstenliebe der Christen und lohnendere Ziele anzupeilen als die Beschäftigung mit deren Kirche.

liebe verhieß ein mensch
aller welt brot und wein
gern grapschten die hirten

für uns der platz ganz vorn
nachfolge lohne gleich
triumph schwitzt titel aus

volksnah tut herr großkotz
papstpfauen schlagen rad
selig spricht sich sünde

vertrauen welkte hin
steine stehn statt menschen
erinnern heißt abfall

Dieser Kirche käme nichts mehr gelegen, als wenn Kritiker ihrer Aufgabe überdrüssig würden und alles »hinschmissen«. Nicht nur einmal hörte ich Bischöfe diesen guten Rat geben, der Hirten und Herden wieder ruhiger schlafen ließe. Doch einfach verstummen, schweigen? Sich den vielen anschließen, deren Kritik sich als eine Angelegenheit von Monaten und Jahren, nicht als eine Lebensaufgabe erweist? Sich Kompromisse abhandeln, sein Schweigen abkaufen lassen? Nach den bewegten Jahren der Kritik ruhige Gewässer, Häfen, Liegeplätze ansteuern, seine Werke von Gutmeinenden in ausgeglichenerem Sinn deuten lassen, Zorn als zeitbedingt zurücknehmen, sich in die Heimat seiner Jugend zurückführen lassen?

Nein. Auch frühere Kritiker ließen sich nicht den Mund verbieten, gerade wenn sie – von den damals frömmsten Gotteslämmern, die keiner mehr kennt – wegen ihrer Kritik direkt und indirekt, öffentlich und anonym angegangen wurden. Ich überlasse das Christentum den Christen, nicht aber die von diesen besetzte Gesellschaft, verzichte nicht, solange ich nur kann, auf die Erfüllung einer demokratisch legitimierten Aufgabe. Wollte ich höher greifen, als mir zukommt, hieße ich mich, eine uralte Bezeichnung aufgreifend, den »Bischof derer da draußen«, der darüber zu wachen hat, daß den Menschen durch eine mächtig tote Kirche nicht noch mehr Schaden geschieht.

Kein persönlich ungefährliches, den Autor selbst nicht stark unmittelbar berührendes, im sogenannten Objektiven verbleibendes Unterfangen.

Soll das Ideal auch nur anfanghaft realisiert werden, schlägt dies ins Privatleben dessen durch, der sich die Aufgabe stellte, und professorale Theorie läßt sich praktisch erfahren. Ich bin darüber nicht unglücklich: Die Symbiose von Schreiben und Sein, eines der höchsten Ziele des Schriftstellers und Professors, wird zunehmend konkret. Was ich immer wieder erlebe: Mein Leben formt sich zu Themen für Bücher, und diese wandern nicht in Bibliotheken ab, sondern prägen mein Leben. Darf ich mehr erhoffen?

Als der Bischof von Münster meine Tätigkeit als Hochschullehrer beanstandete, teilte er dem Minister in den Worten des Preußenkonkordates mit, er habe bei mir, zusätzlich zu den Vergehen gegen die Lehre der Kirche, »einen schweren und ärgerlichen Verstoß gegen die Erfordernisse des priesterlichen Lebenswandels« zu rügen. Die Formulierung legte nahe, daß sich Leute die Mäuler zerrissen, Gerüchte ausstreuten, zwei, drei Geliebte, nebeneinander, nacheinander, übereinander ausfindig machen wollten.

Heinrich Böll: »Noch ein Wort zum Vokabularium. Da tauchte – ich möchte fast sagen: prompt – das Wort vom ›priesterlichen Lebenswandel‹ auf! Lebenswandel, das weiß ›man‹ ja, betrifft das private sittliche Verhalten. Da denkt man doch gleich an Weiber, Alkohol, Orgien, und wie das im Saubermannsland nun einmal ist, auch an unrasierte Wangen, schlecht geputzte Schuhe, die keine Verstöße gegen irgendeine Sittlichkeit darstellen, aber doch fest schon in eine gewisse deutsche Sittlichkeitsvorstellung (jedenfalls die ungeschriebene, die oft grausamer ist als die geschriebene) eingegangen sind. Wenn meine Eltern und Verwandten vor vierzig, fünfzig Jahren das Wort ›Lebenswandel‹ aussprachen – also ungefähr um die Zeit, als das Konkordat abgefaßt wurde – war's so zu verstehen. Man brauchte gar nicht zu sagen: ›Der (oder die) hat einen schlechten Lebenswandel.‹ Es genügte, von jemandem zu sagen: ›Der hat einen Lebenswandel.‹ Das Wort riecht, fast so übel wie die ›neue bildpost‹, und ich denke, solche Schwenker und Schlenker sollte man einander, so hart die Auseinandersetzung auch ist, doch ersparen.«*

Was mich betraf: Ich hatte dem Bischof solche Schlenker von vornherein erspart, noch nicht – wie in meinem Buch über *Kirchenfürsten zwischen Hirtenwort und Schäferstündchen* von 1992 – auf den riesigen Berg von Unmoral, Unsitte, Verbrechen verwiesen, den Päpste im Lauf der Geschichte anhäuften, auch nicht den Lebenswandel von zigtausend weiteren Oberhirten angesprochen. Um so mehr fragte ich mich, weshalb sich der Bischof so weit vorwagte und angesichts der erdrückenden historischen und aktuellen Beweise gegen seinesgleichen ausgerechnet mir einen »Lebenswandel« vorwarf.

Nun geht klerikale Gegenkritik bekanntlich nie die kritisierten Gegenstände an, sondern macht sich an der Person des Kritikers fest, wirft dem persönliches Versagen vor, der Mißstände der Organisation aufdeckt, verlangt vom Kritisierenden persönliche Bescheidenheit, Demut und andere Tugenden, die kein Oberhirte aufzubringen bereit ist. Doch was war denn an meinem Priesterleben so schwerwiegend ärgerlich? Wer ärgerte sich darüber? Als die Gerüchte nicht verstummen wollten, fragte ich nach. Die Antwort, aus gutem Grund nur mündlich gegeben, läßt mich bis heute vor Zorn erzittern: Mein schwerwiegender Verstoß gegen den priesterlichen Lebenswandel bestand darin, daß ich ein Buch über das »unmoralische Verhältnis« von Staat und Kirche in der Bundesrepublik veröffentlicht hatte.

Also ausdrücklich kein Vorwurf wegen eines wenig zölibatären Lebens. Ein solcher hätte andere, nicht mich getroffen. Er

* H. Böll, Ein theologischer Annäherungsversuch, eine fiskalisierte Mystik und eine Friedhofsverwaltung, in: P. Rath (Hrsg.), Die Bannbulle aus Münster oder Erhielte Jesus heute Lehrverbot? (München–Hamburg 1976), S. 11.

wurde bis heute nicht erhoben, ein Problem der Courage im bischöflichen Wächteramt, eine Frage nach der Zweigleisigkeit, mit der Bischöfe fahren, ein Thema konkreter Kirchlichkeit, über das ich lieber schweige.

Die Anklage betraf ein Buch, kein Bett. Ihre Ungeheuerlichkeit bestand darin, kirchenkritische Tätigkeit schlankweg unmoralisch zu heißen, die Publikation eines Buches als ärgerlichen Verstoß gegen den Lebenswandel, übelriechende Vokabel, zu interpretieren! Wenig später nahm mich, auf Vorschlag von Walter Jens und Heinrich Böll, das deutsche PEN-Zentrum auf. Autorinnen und Autoren, mit denen ich dann über das Vorgehen der Kirche sprach, reagierten auf den klerikalen Angriff auf unser aller Freiheit übereinstimmend verärgert, zornig, fassungslos. In Deutschland ist viel zuviel möglich.

Nebenbei: Seinerzeit war auch ein kleiner Aufsatz im Gespräch, den ich 1972 an einem Sommerabend hingeworfen und dessen Publikation Karl Rahner ermöglicht hatte, eine Abhandlung über das jetzige wie das künftig mögliche System der Kirchenfinanzierung, ein Versuch, eine wirkliche Alternative zur drögen, ungeliebten Kirchensteuer vorzuschlagen. Kirchenobere ließen den Aufsatz als Äußerung eines »extremen Kirchenfeindes« rügen, und der Bund der Steuerzahler schüttelte sich: Dies war nichts für Deutsche.

Ich legte das Ganze zu den Akten, dachte mir mein Teil über den bundesdeutschen Reformwillen. Über ein Jahrzehnt später wurde ich von österreichischen Kollegen darauf aufmerksam gemacht, daß mein in Deutschland diskriminierter Vorschlag mittlerweile in der Schweiz diskutiert, in Italien und Spanien verwirklicht und als Leitmodell auch für die Parteienfinanzierung in anderen Ländern ins Gespräch geraten war. Allen Ernstes: Der Vatikan hatte ein nuanciertes »Herrmann-Modell« in Konkordaten mit den beiden superkatholischen Ländern befürwortet. Wahrscheinlich können nur wenige Theologen ähnlich dauerhafte »Reformerfolge« für ihre Bücher buchen, stellt der Extreme trocken fest.

Kritik an der Kirche ist meines Erachtens ihrem Wesen nach demokratische Pflicht, gleich, ob sie sich gegen einzelne richtet oder gegen politische, gesellschaftliche, dogmatische Strukturen. Ihre entscheidenden Begriffe sind hier Korruption und Egoismus, Gerechtigkeit und Gemeinwohl dort. Sie ist freilich erst frei, wenn sie von außen kommt. Grund genug, der wohlfeilen Reformer-Mär zu mißtrauen, echte Kritik sei nur gläubigen Mitgliedern möglich. Erst recht Grund, sich dem Einfluß der Hirten ganz zu entziehen und aus der Kirche auszutreten.

Sprechen katholische Bischöfe davon, sie wüßten sich nicht nur für ihre Gläubigen verantwortlich, sondern hätten einen Auftrag für alle Menschen, dann beanspruche ich, gewiß mit ebensoviel Recht, für Kritiker die umgekehrte Version: Nicht nur von den Menschen klerikalen Schaden abwenden, die bereits gingen, sondern auch von denen, die noch im Pferch sind.

Weitere Motive für meine Kritik zähle ich hier nicht auf; es gibt genug. Weshalb sollte ich ein Kritiker um persönliche Motive mühen, sie sogar rechtfertigen, während sich die Repräsentanten der Kirchen unverdrossen legitimationsunwillig durchwursteln dürfen? Ein Symptom für die Krankheit der heutigen Gesellschaft: Sie nimmt bisher nur am Rande wahr, daß es ausschließlich Sache der Christen bleibt, ihre Fortexistenz in Gegenwart und naher Zukunft vor dem Forum der denkenden Welt zu rechtfertigen. Zumindest seit die Forschung definitiv die, vorsichtig gesagt, schwankende Basis des Bibel- und Kirchenglaubens aufdeckte und die schlimme Geschichte des Christentums obendrein.

Die Beweislast liegt längst bei den Christen. Was eigentlich gibt den Kirchen, die sie sich halten, das Recht, Motive für Kritik bei unsereinem einzufordern, statt auch nur ein wenig Legitimation für sich selbst und die eigenen Praktiken zu erbringen? Sind etwa die Kirchenkritiker – und nicht die unverdrossen »Gläubigen« – Erben der Kriminalgeschichte? Unsereins hat keine Verteidigung nötig.

Schreibt ein Kritiker ein Buch, das den Namen verdient, so handelt es sich – nach der hierzulande gern veröffentlichten Meinung – um eine Streitschrift oder ein Pamphlet. Die Wortwahl bezeugt das Niveau des deutschen Feuilletons, den Tiefstand einer Kultur des Widerspruchs im Land. Sie ist Gegenstand und Ausdruck von Definitionsmacht: Wer den geistigen Gegner niedermachen muß, um sich selbst zu behaupten, wird seine Worte wirksam wählen. Religionsgemeinschaften, die besonders hoch subventioniert werden, definieren sich beispielsweise gern als »Kirchen«, um sich von den »Sekten« abzuheben, die keine Subventionen einstecken und dafür von pfäffischen Sektenbeauftragten – Haltet den Dieb! – gesunden Geschäftssinn bescheinigt bekommen. Orthodoxe Jäger machen es im Hinblick auf Ketzer genauso; das erleichtert die Hetzjagd. Waren aber die Jäger aller Jahrhunderte nicht kränker als die Gejagten?

Ich nahm das Lehrbeanstandungsverfahren, sofern es meine Person betraf, en bagatelle. Weil ich den Prozeß selbst angestrengt hatte, verwunderte meine unpassionierte Haltung nicht wenige. Was ich beabsichtigte? Ich wollte keineswegs die Haltlosigkeit der gegen mich vorgebrachten Argumente zu erweisen, mich vom Vorwurf, der Kirchenlehre zu nahe getreten zu sein, reinzuwaschen suchen; angesichts der Machtverhältnisse und der Parteilichkeit der Richter wäre dies vergebliche Liebesmüh gewesen. Haben Bischöfe über einen von ihnen zu urteilen, kann ein Gläubiger getrost seine ewige Seligkeit darauf verwetten, daß sie keine Schuld an ihrem

Kollegen finden. Ein Narr, wer annimmt, ich hätte dies nicht kalkuliert.

Ich setzte von Beginn darauf, daß sich die Kirchenvertreter selbst blamierten. Das gelang ihnen gründlicher als erhofft: Sie taten nichts anderes, als sich ein weiteres Mal als »Oberhirten«, sprich: Kirchenfürsten, zu bezeugen, ihre antiquierten Argumente noch einmal, gegen Ende des 20. Jahrhunderts, als offizielle und exklusive Theologie vorzustellen. An dieser höchst erwünschten Reaktion ließen sich denn auch so ziemlich alle Ideologien und Verhaltensweisen ablesen, die ich der Altkirche vorgeworfen und die sie bestritten hatte. Die Herren tappten prompt in die Falle.

Daher »verlor« ich von Anfang an den Prozeß nicht gerade ungern, verzichtete gegenüber den auf Nichteinsicht eingeschworenen Hirten und Theologen auf wesentliche Beweisgänge, unterstützte nicht einmal besonders meinen tapferen Pflichtanwalt. Ich handelte nach der Devise: Sich am besten zurückhalten, die Bischöfe und ihre theologische Berater selbst zu Wort kommen lassen; die Resultate überzeugen, sprechen immer für sich.

Die Reaktion der Kleriker auf effiziente Kirchenkritik entspricht detailgetreu dem Gehabe einer untergehenden Schicht: anderen das Recht auf Einwände zu bestreiten und die Einsichtigen aus den eigenen Reihen als Nestbeschmutzer zu kriminalisieren, die »weg gehören«. Hirten, die so reagieren, blamieren sich selbst. Sie werden es auch schaffen, mit der Zeit den Glauben der Menschen an ihre Kirche vollends zu zerstören.

Ich weigere mich noch immer, meine Arbeit gegenüber solchen zu rechtfertigen, und rate dies auch anderen, denen ähnliches zugemutet wird. Wo kämen wir hin, wollten wir denen erlauben, die glauben, nicht denken wollen, unser Denken zu zensieren? Ich verschwende auch keine Zeit damit, lernunfähigen Leuten zu erklären, daß es eben nur in einem kulturlosen Milieu voller »law and order« möglich ist, kampfbetonte Begriffe einzuführen und durchzusetzen, Kritik als Äußerung von Haß, Publikationen als Pamphlete, anderen Glauben als Unglauben, anderes Denken als Abweichung zu definieren.

Gern stelle ich in diesem Zusammenhang fest, daß jedes sogenannte Hirtenwort eine Streitschrift ist, jede theologische Erörterung ein Pamphlet. Solche Elaborate führen in der Tat Streit: gegen Menschenverstand und Menschenwürde. Da werden ständig Denkverbote erlassen, Denkopfer gefordert. Und aus barem Unsinn wird Tiefsinn gezaubert. Das Ergebnis nennt sich Kirche des Herrn.

Ihr gegenüber ist kein Kompromiß erlaubt. Wie hieß es gestern? Aus der Kirche kommende kriminelle Menschenverachtung? Nie gehört. Wie tönt es heute? Wir wissen schon – und Schluß. Abermals ist geleugnet, was man den Unzähligen angetan und antut, die dem jeweiligen Glaubensstandard nicht entsprechen konnten. Jüngst predigte der Papst, es sei unserem Jahrhundert vorbehalten geblieben, Menschen allein deswegen zu ermorden, weil sie einer falschen *Rasse* angehörten. Wohlweislich verschwieg dieser Herr, daß seine Kirche nicht so lange warten wollte, um Menschen wegen ihres falschen *Glaubens* auszulöschen.

Sollen diese Menschen vergessen bleiben? Dürfen wir diejenigen übersehen, die noch heute, mitten unter uns, an dieser Kirche leiden, verzweifeln, kaputtgehen? In meinem Buch *Die sieben Todsünden der Kirche* stellte ich ein Plädoyer gegen Menschenverachtung und -vernichtung vor. Mitten in die selbstverliebte Existenz eines Kirchenfürstentums hinein, das auffallend gute Beziehungen zur Rachegottheit Vergessen pflegt, muß nämlich für das Recht aller auf Fortleben gesprochen sein. Die Millionen Blut- und Denkopfer, derer sich Christen bedienten, um ein ruchloses Reich Gottes zu errichten, brauchen das Zeugnis der Gegenwart. Tod darf kein Endurteil sein, Namenlosigkeit nicht über Betrogene triumphieren. Geschädigte bitten um Auferstehung im Gedächtnis.

Das Christentum ist todkrank. Schriebe ich für Kirchenchristen, diagnostizierte ich diesen Dogmen, die dem duckmäuserischen Denken dienen. Auch bezeichnete ich jene zeitlosen Wahrheiten näher, die stets ihren Zeitgeist verraten, so man ihnen nur ein wenig Zeit läßt. Doch das christelnde Denken bedroht uns alle. Es kann seine Metastasen nicht loswerden: Antikategorien, die die Menschen gefährden.

Kennt das Neue Testament vielleicht einen Dialog mit den Gegnern? Sind Christenköpfe nicht noch randvoll von der peinlich inspirierten Häme der Evangelien wider Pharisäer, Juden, Schlangenbrut? Wer, wenn nicht die Kirche der Frohbotschaft, führte die Selektion ein, bereitete Gottes Endlösung vor, schied Erlöste von Verdammten, reuig zurückfindende verlorene Söhne von denen, die – aus Einsicht, Stolz, Menschenwürde? – niemals in den Schoß der Institution zurückkrochen?

Wer stärkte die Theorie von den falschen Toten, die nicht beerdigt werden durften? Wer weigerte sich, die Menschen mit dem falschen Bewußtsein zu taufen, die mit dem falschen Gesangbuch zu verheiraten? Wer reklamiert noch 1994 eine dreist millionenschwere Entschädigung für eine Enteignung von 1803? Jene Kirche, die nie erklärte, wie sie an den immensen Grundbesitz kam. Die Mord und Totschlag ihrer Gläubigen legitimierte, sofern er sich nur – in Kreuzzug, Hexenverfolgung, Ketzerstreit – für die irdischen Interessen der Bischöfe und Päpste einsetzte? Die keine Entschädigung auch nur für eines ihrer Opfer anbot?

Zwanzig Jahrhunderte vergeudeten Christen damit, schmachvollste Enterbungslehren in die Praxis umzusetzen. Vom Hochsitz des Patriarchats herab vermeldeten ihre Führer:

Jetzt sind wir auserwähltes Volk. Allen anderen verbleiben vorletzte Werte, unfertige Moralen, halbgebildete Gewissen. Diese verbrecherisch unmenschliche Doktrin findet noch heute Gehör.

Auf der weit verspäteten Suche Deutschlands nach dem Umfeld der Morde von Mölln und Solingen entdeckte der Bundespräsident Mängel in der Sozialisation der Jugend. Er wies Schuld uns allen zu, zählte die Institutionen auf, die versagt hatten, sparte die Kirche aus. Ich erspare mir den Hinweis, daß der Solinger Hauptverdächtige acht seiner sechzehn Lebensjahre in kirchlicher Obhut verbrachte. Doch frage ich mich, weshalb das Staatsoberhaupt nicht wagt, sich öffentlich der Wahrheit über die Kirche zu stellen.

Hätte er dies getan, hätte er vielleicht auch den Mut gefunden, dem Kölner Kardinal Meisner zu antworten, der zu Weihnachten 1992 unser Land eine gottferne, unfruchtbare Wüste schmähte. Die Replik des Bundespräsidenten wäre begründet gewesen, die Richtigstellung korrekt: Der Vatikan liegt nah.

So weit denken staats- und kirchentragende Personen, Politiker, Intellektuelle, Journalisten auffallend selten. Der Bundeskanzler brachte es vor Jahren sogar fertig, sich beim Papst für das Unrecht zu entschuldigen, das dem Stellvertreter Pius XII. durch einen deutschen Schriftsteller (R. Hochhuth) widerfahren sei. Die Abbitte erfolgte »im Namen des deutschen Volkes«; daher schließe ich mich ausdrücklich vom Volk des Herrn Kohl aus.

Mögen auch alle unter sich bleiben, die raunen, wir Kritiker sagten nichts Neues. Gewiß, die Kirchenherren legten alles schon in Fußnoten fest, versteckten die Opfer perfekt in den Anmerkungen zur Heiden-, Juden- und Ketzerjagd. Die großkirchliche Bewußtseinsindustrie schluckte die Toten, und die Christenkarawane zieht weiter, ihrer ewigen Seligkeit entgegen. Zur Zeit, auf der Durststrecke, setzen die Bischöfe auf underdog-Effekte, unterschwellige Emotionen: Gar so schlimm können Geschichte und Gegenwart der Kirche nicht sein, Anwürfe stärken das Märtyrergefühl der Gläubigen, und schließlich findet sich auch viel Caritas im Christentum. Solch geschmeidige Reden sind gefragt; sie verstehen es, alles, gerade das Leid und den Tod der vielen, zu erklären, wegzudeuten, zu verharmlosen.

Die amtskirchliche Schadensbegrenzung, Imagepflege genannt, neuerdings mit Millionen beworben, mag den christentümelnden Zungenschlag. Sie weiß, warum: Er verschafft der Gleichgültigkeit, der Teilnahmslosigkeit, der Verweigerung des Mitleids Konjunktur. Doch Schmiegsamkeiten rächen sich stets: Die von der eigenen Erwählung überzeugte Kirche bildete keine Kultur der Kritik aus, sprach Alternativen niemals Ehre zu.

Sollten Kleriker inzwischen Mittel kennen, die an Bürgertischen üblichen Sprüche gegen Fremde zu stoppen und die latenten Emotionen gegen alle aufzufangen, die nicht so sein wollen wie die Anständigen, Normalen, Deutschen? Sie sind nicht einmal fähig, die vielen kleinen Hitler-Impulse zu registrieren, die Jugendliche durchzucken, welche den Schmutz aufnehmen mußten, Wort um Wort Denk- und Gefühlsmüll. Die Kirche beanspruchte Zeit, um Hoffnung zu zerstören. Die bekam sie.

Der Fuldaer Kirchenfürst Dyba setzte letztes Jahr Prämien aus, um den Verkauf eines Katechismus anzukurbeln. Doch Ratzingers Römischer Ratgeber, gespickt von subtilen Aggressionen gegen die Menschen, ist auch dieses Geld nicht wert. Der Glaube fiel, das Gericht ist gesprochen. Kindergartenplätze sind für eine neue Generation wichtiger als Katechismen, und Religionsunterricht kam an sein Ende. Würden mehr Kinder und Jugendliche zum Lesen, Wissen, Neugierigbleiben angeleitet, statt reihum abgetauft und abgefirmt zu werden, brauchte sich Deutschland weniger um sie zu sorgen.

Wer löste, Predigtgestammel hin oder her, weder die soziale Frage noch sonst ein wirkliches Problem der Menschheit? Wer entfremdete sich Arbeiter, Intellektuelle, Jugendliche? Wer verliert gerade jetzt die Frauen? Die Institution, die beansprucht, zur Orientierung der Welt gestiftet zu sein. Die Kirche schert sich nicht darum, wendet ethische Prinzipien nach außen, zum Fenster hinaus; das hält den Innenraum besenrein. Doch wer sich mit einem Lärmangriff Gehör verschafft, Glocken bimmelt, um für Leben einzutreten, bezeugt öffentlich seinen Mangel an Argumenten.

Wo Glocken läuten, steht ein Museum. Es verwaltet sich selbst. Oberhirten lernten hocherfreut, mit ihrem verbrecherischen Erbe nur historisierend umzugehen; ihr Schulmeister ist der Selbsterhaltungstrieb. Die Herrenkirche richtet die ihr Verbliebenen entsprechend zu: Das Gehorsamsproblem unter Hirten und Herden wird aktueller, und schon gewinnen die Pfaffen mit dem Alles-halb-so-schlimm-Gesicht wieder sichere Distanz zu ihren Opfern.

Unheilbar wirken sie, in Charakter und Moral gepanzert, für jeden Zweifel zu zickig. Wahrheiten beten sie gekonnt weg. In diesen Kreisen lebt auch die Widerstandslüge: Mit Hitler hatten wir nichts zu schaffen! Wir kämpften wie die Löwen! Ich wundere mich nicht über die Zukunft dieser Leute: Wer ewig sein Heil im Munde führt, wird auch wieder Heilrufe in sein Programm übernehmen.

Doch desavouiert ist alle Predigt. Klerikale Betroffenheit steckt nicht an. Sie ist alte Lüge, neues Vergehen. Wir sollten aufhören, uns die Märchen auftischen zu lassen, und beginnen, Christenmenschen danach zu beurteilen, wie sie zu ihrer Geschichte und Gegenwart stehen, ob sie ihr beipflichten oder sich ihrer schämen. Das bedeutet, der unter Christen weitverbreiteten Bereitschaft zu widerstehen, alles zu vertuschen, zu verscharren, zu vergessen, was das Haus voll Glorie als morschen Bau entlarven könnte. Man kann es drehen und wenden, wie man will: Der Glaube ist tot. Denen, die noch immer von ihm leben, sagte ich gerne »Lebewohl!«. Denn ein Wohlleben leisten sich die Verwalter des Leichnams nach wie vor.

Niemand behaupte, die Kirche gleiche mit ihrer Caritas aus, was sie den Menschen antut. Zwar entdeckte die Institution eines Tages auch das gute Werk, wenn auch lange nach anderen, die – antike Heiden, mittelalterliche Ketzerinnen und Ketzer – Schrittmacher gewesen waren. Doch waren Christen die ersten, die sich ein rentierliches, geldwertes Monopol auf eine Nächstenliebe sicherten, die weder Jesus noch sie selbst in die Welt getragen hatten. Sie stachen wie niemand anderes hervor, als es galt, die Caritas als ihr Spezifikum anzupreisen – und sich ihre Werke zugleich von anderen finanzieren zu lassen.

Wer es immer noch nicht wissen sollte: Kirchliche Caritas ist in der Bundesrepublik überwiegend fremdfinanzierte Hilfe. Den Hauptteil der Kirchensteuereinnahmen kassieren die Kirchenoberen selbst. Sie denken nicht entfernt daran, mehr als einen Bruchteil der Kirchensteuern für öffentliche soziale Zwecke auszugeben. Da die Hirten nun aber ihre Beutel verschlossen halten und anderweitig investieren, Immobilien, Wertpapiere horten, ist die Schlußfolgerung unausweichlich: Ihre Kirche kann wesentliche Bereiche ihrer Tätigkeit wie die Caritas nur mit Hilfe Konfessionsloser garantieren.

Um so übler wirkt die Methode, kirchenfreie Mitbürgerinnen und Mitbürger als Schmarotzer kirchlicher Sozialeinrichtungen zu diffamieren oder ihnen, unter den fadenscheinigsten Vorwänden, eine Art Ersatzabgabe abzuverlangen. Dankten Bischöfe im übrigen je den Millionen – konfessionslosen oder nichtchristlichen (zum Beispiel islamischen) – Steuerzahlern für die Milliardenbeträge, die diese für spezifische Kirchenzwecke wie Religionsunterricht und Priesterausbildung aufbringen müssen?

Offizielle Kirche und soziale Dienste paßten im übrigen nie so gut zueinander, wie Prediger lärmen. Erst als sich herausstellte, daß das – zweitausend Jahre mit totschlägerischen Methoden gegen Andersdenkende durchgesetzte – Dogma sich doch nicht bewährte, spürten die Kleriker den Marktwert der Liebe auf. Jetzt ist verstärkt die »Caritas« im Gespräch; das einschlägige Gerede nimmt für die Amtskirche eine Überlebensfunktion ein.

Neuerdings gilt, mangels Masse, gar die »Seelsorge« als Werk tätiger Liebe. Doch diese Spezialität des Klerus, die so lautstark als Dienst am Menschen vermarktet wird, um ihre Finanzierung durch alle zu stützen und auch den Nichtmitgliedern Geld aus der Tasche zu ziehen, entpuppt sich als höchst zweckgebundene Tätigkeit. Seelsorge steht im Dienst einer nur im eingeschränktesten Sinn altruistischen Lobby.

Auch hinter diesem Anspruch lugt das nackte Kircheninteresse hervor: Ist nur noch mit Hilfe der »Caritas« jenes Geld einzufahren, das der Glaube längst nicht mehr spendet, muß eben gesorgt, betreut, geliebt werden. Vielen Schafen fällt denn auch – in Deutschland und anderswo – noch immer nicht auf, daß die klerikale Betreuungsmaschine nur noch läuft, weil Steuern, Subventionen, Spenden sie schmieren.

Nur die vom kirchlichen Dienst Betroffenen wissen, daß sich die christliche Liebe nicht einmal mit ordentlichen Tarifverträgen verträgt. Offenbar ist es inmitten eines Rechts- und Sozialstaats neuzeitlicher Prägung allein der Kirche erlaubt, patriarchalische Arbeitgeberinteressen auch patriarchalisch durchzusetzen. Trägt die beschworene religiöse Dimension im Dienst an den Menschen jedoch solche Früchte, haben die meisten Arbeitenden zu Recht nichts mehr mit Religion zu schaffen. Christen aber müßten sich endlich fragen, ob ihr Glaube wirklich dieses unzeitgemäße soziale Elend der Kirchenbediensteten zum Inhalt habe. Von der Antwort hängen die Konsequenzen ab, die sie für oder gegen die Amtskirche zu ziehen haben.

Ich betrachte Seelsorge und Theologie als Therapien für Krankheiten und Bedürfnisse, die es ohne Kirche überhaupt nicht gäbe. Kulturell tragen beide nicht. Die Behauptung, ohne Religion gebe es keine Moral, ist nur stimmig, wenn bestimmte Absichten mit in die Überlegung einbezogen sind: Schlimm genug, daß selbst in säkularisierten Ländern Religiosität nicht auf ihren Zweck hin bedacht, sondern noch immer als Basis für Sittlichkeit ausgegeben und entsprechend honoriert wird. Dieses Verhalten diskriminiert alle Bürgerinnen und Bürger, die religionsfrei leben – und »dennoch« nicht zu Monstern degenerierten. Es ist nie demokratisch legitimiert.

Das Christentum ruft, wie gesagt, kein besonderes Interesse mehr hervor. Emotionen finden sich allenfalls, wenn sich die Kirche unter dem Vorwand ihres – nicht legitimierten! – »Wächteramtes« aggressiv in die Belange von Nichtchristen einmischen – und sich die unberufene Hilfe noch dotieren lassen.

Wer predigt, die Kirche vertrete nicht nur, sondern leiste gar im allgemeinen und besonders auf dem karitativen Sektor ein »Mehr«, lügt in die eigene Tasche; in Wirklichkeit steht das Christentum weit hinter den karitativen Alternativen zurück. Warum sollten sich da Frauen noch in Ordensregeln zwängen lassen, wo ihnen eine ganze Welt aktiver Wohlfahrtspflege offensteht? Finden sie nicht überall Arbeit, ohne daß sie den Ballast des Nonnenlebens mit sich herumschleppen müßten? Menschen müssen schon merkwürdig katechismusgläubig und autoritätshörig sein, um klerikale Vorgaben vorbehaltlos zu akzeptieren und beispielsweise uralte Weiblichkeitsideologien wie Doppelrolle der Frau oder Mütterlichkeitskult reaktivieren zu lassen.

Unbestreitbar tun Christinnen und Christen in Kindergärten, Altenheimen und Krankenhäusern Gutes. Doch die vielen, die Dienst tun, ohne kirchengebunden zu sein, erfüllen ihre Pflicht nicht weniger. Der oft bis zur Erschöpfung gehende, häufig ehrenamtlich geleistete Einsatz von Menschen für Menschen ist keineswegs auf Christen beschränkt, und in den kirchlichen Sozialeinrichtungen sind nicht nur überzeugte Kirchgängerinnen und Kirchgänger beschäftigt.

Opfern sich Menschen, vor allem Frauen, auf, spricht dies nicht schon für die Organisation Kirche. Mutter Teresa macht nicht vergessen, daß es im Buch kirchlicher Liebestätigkeit mehr dunkle als helle Stellen gibt. Sicher zieht diese Nonne Kraft aus der christlichen Botschaft traditioneller Prägung. Ebenso gewiß nennen sich aber auch jene Drahtzieher Christen, die ansonsten ihr Geschäft mit Glauben, Hoffnung und Liebe betreiben. Sie verdienen sehr gut daran, daß sich vor allem Nächstenliebe so leicht versilbern läßt. Der Dienst am Menschen trägt der Kirchenlobby viel Renommee, Einfluß, Macht ein, und nicht jede Steuer- oder Spendenmark kommt den Bedürftigen zu. Welche Gründe nennen Bischöfe, wenn sie als erste die Hand aufhalten, sooft Subventionen in Milliardenhöhe winken?

Die Kirchengeschichte wartet mit Tausenden von Beispielen auf, die für das wirkliche Leben der Kirchengötter zeugen: Oberhirten als Großgrundbesitzer, als Fürsten, als Verschwender finden sich in allen Jahrhunderten. Solidarisch Arme kennt diese Berufsgruppe nicht. Oder weiß jemand von einem deutschen Bischof der Gegenwart, der seinen Kirchenschatz verkauft, den Erlös gespendet, sein Palais verlassen hätte und arm unter Armen lebte? Trägt auch nur einer ein hölzernes Kreuz statt des goldenen? Läßt einer seinen Worten die kleinste Tat folgen? Offenbar tun die Herren, hierzulande üppig aus allgemeinen Steuermitteln bezahlt, nur im stillen viel Gutes.

Immerhin sprechen die Fakten nicht gerade dafür, daß eine immer reicher werdende Kirche (in Deutschland die größte nichtstaatliche Grundbesitzerin!) sich allzu solidarisch für die Besitzlosen einsetzte. Doch auch wenn sich die Frommen der Forschung nicht stellen: Das auf Goldgrund gemalte Bild kirchlicher Mildtätigkeit hält der Realität nicht stand. Wer die Zusammenhänge kennt, wird daher nicht versucht sein, ausgerechnet der Kirchenlobby Versagen bei der Vorteilsnahme vorzuwerfen. Mein Buch *Die Kirche und unser Geld* (1990) öffnete vielen die Augen.

Um so aktiver sind die Illusionisten. Während historisch-kritische Forschung die Bibel auf weiteste Strecken hin entzauberte und die außerkirchliche Dogmenkritik die als unantastbar geltenden Glaubenssätze als Zeitereignisse entlarvte, überstand das kircheneigene Geheimnis »Fiskus« bis vor kurzem relativ unbeschadet alle Versuche der Entmythologisierung.

Doch führten Kirchenherren je einleuchtende Argumente an, um sich aus allen Solidarpakten auszuklammern? Nichts Neues, die Untätigkeit der Hirten. Überall, wo die selbsternannten Stellvertreter Christi allein das Sagen hatten und wo sie, weltliche Herrscher im Kirchenstaat, dieser sichtbar gewordenen Todsünde, jahrhundertelang schalten und walten konnten, wie sie wollten, herrschte karitative Passivität.

Gewiß, die Päpste wären schlecht beraten gewesen, hätten sie die menschenunwürdigen Zustände je ändern wollen. Das Licht des Glaubens strahlt nur auf einem dunklen Hintergrund. Ist es auch Wahnsinn, so hat es doch Methode: Da nur unglückliche Menschen hörig bleiben, liegt es im Überlebensinteresse der Hirten, daß es der Herde nicht allzu gutgeht. Menschenwürdige Zustände zu schaffen, die Leid und Not der

Menschen minimierten, gilt trotz eines immensen Wortverschleißes und Predigtaufgebots nicht gerade als vordringlichste Aufgabe der Kirche.

Wo zeigen sich beispielsweise jene Strukturverbesserungen, die Christen im Auftrag ihrer Botschaft bewirken wollten? Sind Europa und Amerika, die über Jahrhunderte hinweg von Christen aller Denominationen missioniert wurden, »besser« als Erdteile, die sich der Christenmission versagten? Brachte das Christentum beispielsweise in 500 Jahren eine gerechte soziale Ordnung Lateinamerikas zustande? Änderte die Kirche irgendwo auf der Welt etwas im Verhältnis von arm und reich?

Caritas ist weder ein Synonym für Christentum noch ein historisches oder aktuelles Monopol der Kirche. Gerade kirchliche Sozialeinrichtungen von heute erweisen sich nicht selten als Organisationen der offenen wie der versteckten Indoktrination. Nicht immer zeigt sich Gewalt von Menschen über Menschen in Form von Waffen. Gerade die psychische Gewalt hat ihre Gegenwart: Heute will die Kirche durch alle in ihrer Trägerschaft befindlichen Kindergärten, Krankenhäuser, Altenheime, Beratungsstellen missionieren. Noch immer sind da mehr Seelenjäger als Seelenpfleger am Werk. Sozialeinrichtungen – Hand drauf! – werden zu Orten des Kampfes um die richtige Weltanschauung, um das »volle Menschsein«. Hier sind die Objekte der Mission am schwächsten, die Bastionen der Missionswilligen am stärksten. 1993 schrieb ich ein Buch über die »Caritas-Legende«, das die Details dafür anführt, wie perfekt die Kirche die Nächstenliebe vermarktet.

Nächstenliebe bleibt die großartigste Bagatelle des Christentums. Wer noch immer glaubt, Jesus oder gar die Kirche hätten das absolute Gebot der Nächstenliebe auf Erden etabliert, ist schlecht informiert. Vielleicht sollte er erst die Geschichte der menschlichen Ethik ebenso genau studieren wie die spezielle Blutgeschichte der Kirche, um mitreden zu können und sein Urteil zu revidieren.

Kirche, Glaube, Religion, Caritas? Ich widerspreche den gängigen Gleichsetzungen; sie haben weder die Geschichte noch die Gegenwart für sich. Denn »noch mehr als Politik und Gerichtsbarkeit ist der Bereich des Religiösen von Martern und Qualen erfüllt. Kaum eine dieser vollkommen guten und lieben Gottheiten gibt es, die nicht am Leiden der Menschen ihren Gefallen fänden. Das Opfer, das der Mensch seinen Göttern bietet, wird von ihnen immer wohlgefällig aufgenommen. Sie sind stets bereit, ihren Anbetern die Freuden des Himmels für die Krankheiten und Leiden zu versprechen, mit denen sie sie auf der Welt überhäuften«.*

Kirchenherren waren sensibel nur gegen sich selbst. Sie forderten Toleranz für die eigenen Praktiken, verlangen noch heute Verständnis für ihre Taten, blieben aber lieblos gegen alle, die andere, neue Erfahrungen mit Glauben und Lieben zu artikulieren wagten und wagen. Es gibt Menschen guten Willens sehr zu denken, daß eine Organisation, die sich damit brüstet, die wahre Hochreligion und die echte Nächstenliebe zu vertreten, aus ideologischen und wirtschaftlichen Gründen jede Kultur niedermachte, die sich ihr in den Weg stellte und – als lebensechte Alternative – gefährlich zu werden drohte.

Die Tatsachen sprechen eine ganz andere Sprache als die Prediger: Caritas und Diakonie wurden in Christenhänden allenfalls zu einer Art Vorsorgeunternehmen für die eigene Seligkeit. Wer sich seines Nächsten annahm, konnte auf irdischen und ewigen Lohn hoffen; nichts anderes verhieß mehrfach schon der Erlöser. Kirchenamtliche Diakonie aber stellte stets eine besondere Form gnädiger Zuwendung von oben nach unten dar; mit grundsätzlicher und praktischer

* R. Villeneuve, Grausamkeit und Sexualität (Berlin 1988), S. 191.

sozialer Solidarität hat sie so gut wie nichts zu schaffen. Die Menschen sollten der Kirche und ihrer »Caritas« so bald wie möglich den Blankoscheck des Vertrauens entziehen.

Der Kompromiß ist mir unmöglich. Denn Gründe genug, sich vom Christentum nicht mehr einlullen zu lassen, finden sich auch mitten in der kirchlichen Glaubenslehre. Sie ist, entgegen dem äußeren Anschein, durchsetzt von Grausamkeit. Kein Wunder, daß sie Grausame anlockte, zu Greueln anstachelte.

Religiöse Fanatiker – und nicht nur diese, denn Fanatismen wirken interessant, spannend, ansteckend auf Laue – wollen vor allem durch die Kasteiungen und Qualen beachtet, mitberühmt, »gerettet« werden, die sie sich – und anderen – zufügen. Indem sie ihr elendes Fleisch und den Staub, aus dem es gemacht war, verachteten, träumten die Erwählten einer Gottheit nur von dieser. Die Begierde war währenddessen in ihren Gedanken nicht verstummt. Sie entlud sich bald, in Grausamkeit gegen andere, vor allem gegen Frauen, vor denen sich die eigene Sexualität ängstigte.

Ohne daß sie sich daraus ein Gewissen machen (sie haben ja keines!), nimmt die evangelistische Nächstenliebe bei ihnen den Weg über sadistisches Denken und Handeln. Inquisitoren meinen, Seelen zu retten, die eigene oder die gequälte, indem sie foltern – um des wahren Glaubens willen, wegen der Liebe zum Heil, zum Heil ihrer selbst und der Gefolterten. Eine Leidenschaft für Blut und Tränen tut sich da hervor, das geheime Vergnügen am Bestrafen.

Gerade das Christentum konnte sich dieser Passion nicht entziehen. Es nahm »den ewigen Ruf nach Blut, Erotik und tödlichen Leidenschaften«* mitten hinein in sein Halleluja, wies ihm den legitimen Platz im Ritus, im Dogma, in Moral

* Villeneuve, a. a. O., S. 191.

und Recht an. Ein offiziell als strafender Richter ausgewiesener Gott, der mit Himmeln und Höllen jongliert, verlangt unentwegt Opfer, diese Beweise des Sohnesgehorsams gegen den lieben Vater. Zuerst fordert er Passion und Tod des Jesus von Nazareth und später, in ähnlichem Sinn, das Leid der Märtyrer, Geißler, Stigmatisierten.

Was da geschieht, gefordert, zugelassen, soll Zeichen von Liebe sein, zunächst auf Golgota, dann auf den Opferaltären der Menschlichkeit, den Schlachtfeldern. Gott will es, rufen schon die Kreuzzugshorden, Gott mit uns, jubeln die Mißbrauchten noch in unserem Jahrhundert. Dieser Gott, Marken- und Siegeszeichen ein Kreuz, brauchte offensichtlich seine Ansprüche kaum zu ändern. Er erfüllte detailgenau die Vorstellungen derer, die ihn sich gaben.

In mehreren Büchern, darunter *Vaterliebe. Ich will ja nur dein Bestes* (1989) und *Der Anti-Katechismus. Zweihundert Gründe gegen die Kirchen und für die Welt* (mit K. Deschner, 1992), ging ich auf das schreckliche Thema Gott, Liebe, Strafe ein. Mir war aufgefallen, daß die Kirche selbst »Gott« bagatellisierte. Oder erklärten Oberhirten schon, weshalb die Gottesfrage im Vergleich zu den Alltagsproblemen ihrer Organisation relativ selten diskutiert wird? Ist etwa seit den frühen Jahrhunderten alles Wesentliche über Gott gesagt? Könnten Bischöfe nicht auch mal, meinetwegen lehramtlich, die Frage beantworten, wie wohl der Gott beschaffen sein muß, der so etwas wie ihr real existierendes Christentum plante – oder es doch zuläßt?

Die reale Kirche, zu deren Konkretionen sich unsereins hätte bekennen sollen? Um sein Amt zu retten und Jahr für Jahr weitere Studierende fehlleiten zu müssen? Nur ein Hinweis auf die Liebesreligion: Die großen Heiligen, die bewährtesten Nachfolger Christi, die treuesten Gottessöhne waren, eine selten veröffentlichte Erfahrung, meist grausame Menschen.

Sie riefen zu den Kreuzzügen auf, segneten die Schlachten, die Gewalttaten und die Brände im Namen der Rachegottheit, die, wie die Prediger sagten, die Ihren kannte und diese Guten belohnte. Heiden, Juden, Hexen, Ketzer aber ließ Gott barbarisch abstrafen, auf Erden schon durch seine besten Söhne, erst recht da drüben im Höllenfeuer, das SEINE Liebe sich ausgedacht.

Welch eine Verirrung der menschlichen Sinne, welch ein Abfall von den Anschauungen der Antike, wenn geringe Seelen zu Oberhirten aufsteigen, die denken, sie könnten ihrem Gott durch Unmenschlichkeit schmeicheln, sich seine Güte durch Grausamkeit verdienen, seine Gerechtigkeit mit Blut befriedigen! Ekelhaft, das Ganze, widerlich kriminell. Die Vorstellung, Gott könne an Folter, Marter, Tod den gleichen Gefallen finden, wie an der bewußt geplanten und durchorganisierten Zerstörung seiner Menschen, Tiere, Pflanzen, ist freilich dann stringent, wenn dieser Gott exakt den Machtphantasien jener Verbrechergehirne entspricht, die ihn schufen, mit Hilfe ihres Popanzes Geld und Einfluß in der Welt gewannen, Macht von Menschen über Menschen legitimierten.

Die Verbreitung des wahren Glaubens geschah nicht von ungefähr nie ohne Zwang. Kein Mensch hätte je einen Gott, wäre dieser ihm nicht von Interessierten gegeben und, in Säuglingstaufe, Blutmission, förmlich aufgezwungen worden. Zunächst hat jeder den Gott und den Glauben, den ihm andere aufschwätzten, aufdrangen, oktroyierten. Erst allmählich gewinnt er den, den er verdient, oder verliert ihn ganz. Wir sind noch umgeben von Menschen, die Gläubige blieben, statt Menschen zu werden.

ein rechenexempel
in zwergschulen erlernt
eins nach dem andern

erst demütigung
dann zuwendung

grausamkeiten genug
friedenspredigt danach

scheiterhaufen für andere
toleranzgefasel für sich

erst reue
dann vergebung

wer anders rechnet
den könnte GOTT ich nennen
er findet sich nicht

Wie kann ein Mensch leben, lieben, lachen in der Christenwelt? Im bleichsüchtigen, bluthustenden Milieu der Fanatiker, Zyniker, Doppelmoraltheologen? Bin ich auch nicht mehr persönlich betroffen, befreite mich auch der Kirchenaustritt endgültig vom Zugriff der Christenheit, so bin ich doch indirekt verletzt in meinem sittlichen Empfinden und in meinem demokratischen Rechtsgefühl. Lehrt die Kirche die Existenz eines obersten Rächers und Vollstreckers, der in Strömen von Blut ertrinkt, dessen Liebe sich Höllenqualen auf ewig ausdenkt und Selige fördert, die diesen erschauernd dankbar zuschauen, lehrt sie also einen Barbaren-Gott, wird dieser wohl ohne mich auskommen! Sucht er Bekenner, braucht er sie gar, so ist das seine Sache, meine nicht.

Bücher, die ausgerechnet von Kirchenfürsten positiv empfunden werden, schreibe ich nicht, verkünde keine hoffnungsfrohe Zukunft, die die Vergangenheit und Gegenwart des Glaubens ablöste. Ich gehöre nicht zu den getrost in ihrem

Herrn lebenden Gläubigen, die ein Ur-Ja stammeln, das alle Untat, allen Unsinn deckt. Nein.

Mißachtet eine Institution Tag um Tag grundlegende Menschenrechte, erweisen sich ihre Vertreter in Appellen an andere als wegweisend, in der Anwendung der hochmögenden Grundsätze bei sich selbst als zurückhaltend, bleibe ich verletzt. Darum rede ich noch immer nicht hinter vorgehaltener Hand. Warum nur mögen Theologen, die gleiches wissen, in einer solchen Kirche, bei diesem Gott bleiben?

# Eine Kultur, die lebendig Tote braucht

*Wohin ich schaue*

Dem Querdenken, verdient es den Namen, fehlt weitgehend die Fähigkeit, sich integrieren zu lassen. Die mangelhafte Anpassung an das Erforderliche, Gewünschte, Taugliche macht es für die Alltagsbelange seiner Gegenwart meist unpraktisch. Es bedient sich selten der jeweils klügeren Ratio, läßt nur wenig realpolitische Tugend erkennen. Es verarbeitet die Fakten, zu denen es Zugang bekam, nicht idealistisch, denkt Ungereimtheiten nicht in ein angebliches Jenseits oder eine andere Utopie weg.

Das ärgste Mißverständnis: Querdenkende als Propheten des Zukünftigen zu beanspruchen. Denn sie binden sich an das, was ihre Prophetie heißen könnte: Auszusagen, was jetzt schon gut oder böse ist, nicht, was eines Tages sein könnte und müßte. Ich hege Skepsis gegen alle, die schlecht schlafen, da sie ständig für morgen planen. Ich wäre froh, wenn sich mehr Menschen fänden, die die gegenwärtigen Systeme durchschauten.

Ich meine durchaus nicht nur die klerikalen Organisationsformen. Kirche zu kritisieren, ist mir seit Jahren zu wenig; nur in der augenblicklichen Phase haben kirchliche Eigenthemen einen gewissen Vorrang. Im übrigen freute ich mich, wenn den todkranken Lamentierern endlich ihr eigenes Sterben gelänge und sie dieses nicht immer wieder als ihre eigene Reformation vermarkteten, sondern Platz machten für neue Hoffnungen.

Dann wäre eines der ältesten und verderblichsten Meinungsmonopole der Welt abgelöst: die Kirchenreligion. Aber noch immer sind Köpfe und Herzen, von den Unterleibern zu schweigen, voll von angstbesetzten Meinungen und Tabus aus einer unseligen Vergangenheit.

Befreiung zum menschenwürdigen Hoffen kommt bestimmt nicht von denen, die Jahrtausende hindurch eben diese Befreiung mit Füßen traten. An diese Prämisse knüpfe ich meine Hoffnung:

Ich hoffe, daß es niemals wieder einem Pfaffen möglich sein wird, über Freiheit, Menschenrecht, Menschenwürde zu reden, ohne daß die Menschen lachen. Ich hoffe, daß kein ausgehaltener Theologe es mehr wagen kann, seine Kirche als Hort der Freiheit und des Lebens auszupredigen, ohne daß ihm die Millionen Toter begegnen, die die Institution um ihrer Machterhaltung willen opferte. Ich hoffe, daß es nicht mehr lange dauern wird, bis alle Theologien der Befreiung und ähnliche Widersprüchlichkeiten als das entlarvt sind, was sie sind: Antihoffnungen. Der Abfallhaufen der Theologiegeschichte hat noch Platz für abgelegte Moden.

Hoffentlich kann auch der willfährig gottlose Gott, den sich die Kleriker halten, nicht mehr als Möglichkeit zur Befreiung der Menschheit ausgegeben werden. Von einem solchen Gott kommt keine Freiheit. Er ist, selbst Schöpfung aus Angst und Grausamkeit, Mitschöpfer erniedrigender Angst und Legitimationsinstanz für Grausamkeit unter den Menschen.

Zu hoffen bleibt, daß die Zeit kommt, da Götter keine Menschen mehr zu werden brauchen, damit Menschen Götter werden können. Ich setze darauf, daß das Begriffspaar Gott-Mensch sich endgültig auflösen läßt und Mensch Mensch wird und nichts anderes. Ich hoffe auch, daß es immer mehr Menschen gelingen wird, sich von den archaischen Ängsten und deren »Retter«-Gottheiten zu lösen und sich selbst als

Hoffnung für andere und künftige Menschen zu verstehen – und zu engagieren.

Dann wird Geschichte nach menschlichem Maß gewichtet. Dann gelten zweitausend Jahre Christentum im Vergleich zu den Millionen Jahren Menschheit als bloße Episode und als eine nicht gerade geglückte. Dann werden die geschichtlichen Tage der Religion, die manchem Ängstlichen und jedem Profiteur wichtig erscheinen, als das verstanden werden, was sie, aufs Ganze der Weltzeit gesehen, stets waren: Augenblicke, Durchgangsphasen.

Sich allein mit religiösen Systemen und Maschinerien des Glaubens zu befassen, ist vertane Zeit. Über Religionen der Zukunft mache ich mir die wenigsten Gedanken. Eine sich abzeichnende Einheit im Glauben interessiert mich ebensowenig wie das Gespräch unter den heutigen Weltreligionen. Mit einer Ausnahme: Schimmert Taktik durch diese Dialoge hindurch, die die verlorenen Schäfchen in irgendeinen Pferch zurückholen wollen, oder zeichnet sich theologische Strategie ab, die einmal mehr auf Kosten der religiös ungebundenen Menschen geht, melde ich mich. Den Theologen jeder Provenienz und Spielart, die hier instinktsicher eine neue Chance wittern, gehört eins auf die Finger.

Im übrigen ist Ruhe angesagt. Ein Bild: Als wir Kinder waren, gab es große Probleme mit den Milchzähnen. Ich meine nicht den Vorgang des Zahnens, sondern die Not, die unter Schmerzen erworbenen ersten Zähne wieder abgeben zu müssen. Nicht immer begriffen wir in diesem frühen Stadium unserer Individualität, was wir heute wissen: Zähne, die nichts mehr taugen, müssen gezogen werden. Das Kind kann zwar immer wieder an den sich lockernden Beißerchen wackeln, doch früher oder später kommt der Moment der Entscheidung: Raus damit! Und Ruhe! Und aufs nächste Problem warten . . .

Was ich, wie gesagt, gar nicht mag: Beschwichtigungsliteratur von und über Renegaten. Was da menschlich so verständlich erscheint, würgt mich im Hals, das unaufhörliche Sichbestätigen, die Neuinterpretation von Treue zu sich und zum Leben, die auffällig unnormale Mitteilung, alles sei unauffällig normal, jetzt, nachdem Priesteramt, Kirche, Glaube abgelegt wurden.

Tut mir leid, ehemalige Schafe und Hirten! Was viele von euch machen, ist Spielerei, spätpubertärer Witz, peinlicher Klamauk. Weder dieser Papst noch irgendein anderer wird das Priesteramt oder den Glaubensschatz seiner Kirche von Grund auf reformieren. Kein Papst kann sich dies erlauben, ohne die Kirche als solche aufzugeben. Er wäre schön dumm, machte er sich selbst überflüssig.

Nun soll und kann niemand aus seiner Biographie aussteigen. Wer Jahre und Jahrzehnte seines Lebens leugnet, handelt sich Krankheit ein. Aber es gibt Trost: Lieber einen Knick in der Biographie als einen im Rückgrat.

In meinem Arbeitszimmer steht ein ziemlich berühmtes Sofa. Auf ihm saßen viele Priester und ihre Frauen (bringen sie ihre Partnerinnen nicht mit, aus welchem Vorwand auch immer, habe ich keine Zeit für sie, da sie noch keine Partner sind), auch sehr viele andere Gläubige. Das Sofa könnte viele Geschichten erzählen. War einer zehn Jahre lang Professor des Kirchenrechts, kommt schon etwas zusammen. Wohin sollen Menschen gehen, die sich im Gestrüpp unmenschlicher Paragraphen fingen? Sie müssen, in Sachen Ehe oder Zölibat, zum Kirchenrechtler, zumal sich kaum ein Rechtsanwalt um solche Spezialfragen kümmert. Aber wo gibt es Kirchenrechtler, die nicht ihren Brotberuf in der Kirche haben?

Oft dachte ich daran, ein Büro für solche Fälle aufzumachen. Aber das war mir dann doch zu klerikal, zu ratgeberisch. Aber die Not ist mir nicht fremd. Und dennoch bleibt meine Devise: Je radikaler der Zahn gezogen wird, desto befreiter ist das andere Leben. Kompromisse bleiben hirten- und herdentypische Ausflüchte. In einem Buch *Kirchenaustritt ja oder nein?* (1992) trage ich viele Argumente für Unentschlossene zusammen, ein kompromißloseres Leben als bisher zu führen.

Ich bin längst draußen, reuelos, fröhlich. Nochmals: Ich muß nicht die Zähne zusammenbeißen und krampfhaft »Paradies« murmeln, wenn ich die jetzige Situation schildere. So gemessen ich die tempi passati nehme, so klar nehme ich die Gegenwart und die Zukunft an. Jedenfalls schlossen Bessere die Lücke, die die Guten mir gönnten. Unsere Kinder blieben ungetauft. Weil wir sie lieben, sollen ihnen zumindest die kirchlichen Umwege in ihr künftiges Leben erspart sein.

Erfrischend das Betrachten von Spezialprogrammen des Klerus, die für mich keine mehr sind und für meine Frau noch nie welche waren, die ganz und gar unmissionarische Teilnahme am Geschick anderer Menschen, die in ruhiger Gottferne ihr Leben leben, die Sicht auf eine Welt, die mutiger denn je ihre Fragen säkular, profan, außer- und antikirchlich zu beantworten lernt.

Ich danke dafür, daß mich die Menschen in meinem jetzigen Fach so viel lehrten. Ich mußte ja 1981 wieder auf die Schulbank: Ich war von einem Tag zum anderen Inhaber eines Lehrstuhls für Soziologie, ohne vorher auch nur eine Stunde dieses Fachs gehört zu haben. Gelernt habe ich fast nur von den Studierenden, die den Seiteneinsteiger ohne viel Federlesens annahmen. Von den soziologischen »Schulen« und ihren Meistern ließ ich die Finger; mein Theoriebedarf war vorerst gedeckt.

Folgenschwerer, daß eine horizontale Karriere bereitstand: Die ständigen Universitätsreformen brachten es mit sich, daß ich mittlerweile dem dritten Fachbereich in Münster angehöre und der vierte sich abzeichnet. So lernte ich mit der Zeit nicht nur Theologen, sondern auch Erziehungswissenschaftler, Politologen, Publizisten, Wirtschaftswissenschaftler, Sozialpädagogen und Soziologen als nächste Kolleginnen und Kollegen kennen und ihre Fachgebiete einschätzen. In knapp fünfzig Semestern lernt selbst ein Professor hinzu. Neulich fuhr ich sogar zusammen, dachte an dies Vierteljahrhundert, als sich Studierende meldeten, die noch nicht geboren waren, als ich erste Vorlesungen hielt.

Spaßig, wenn Theologen glauben, ich sei nur noch Soziologe und damit für ihresgleichen ungefährlich geworden. Amüsant, daß ein paar Soziologen vermuten, ich sei Theologe geblieben und damit für ihre Belange uninteressant. Denn ich nahm keineswegs zwischen diesen beiden Stühlen Platz: Ich fühle mich als wiedergeborenes Weltkind, ziehe eventuelle Belege aus der theologischen Vergangenheit nur hilfsweise heran. Die Theologie erwies sich in Problemstellungen und Lösungsversuchen als viel zu eng; mittlerweile weitete sich die Welt. Ich staune, wenn ich bedenke, mit welcher Themenvielfalt ich es in Lehrveranstaltungen, beim Vorbereiten von Prüfungen, beim Anregen von Magisterarbeiten und Dissertationen seit Jahren zu tun bekomme.

Beispiele sind: Drogenproblem, Soziologie des Essens und des Trinkens, Bulimie und Magersucht, Soziologie der KünstlerInnen, Arbeitssucht, Lob der Faulheit, Moral der Detektive, Ethik des Kriminellen, soziale Ängste, partnerschaftliche Machtverhältnisse, patriarchale Defensivinstitutionen (Ehe, Familie, Schule, Staat, Kirche), Verhältnis von Müttern und Töchtern, Vaterrollen, Karrierefrauen und Partnerschaft, Selbsthilfegruppen von Prostituierten, Männerbewegung, Partnerwahl und Trennungsschmerz, Mißerfolge neuer Väterlichkeit, Soziologie der Renaissance, Formen des Patriarchats in der Antike, Methoden anarchischer Bildung und Erziehung, Theorien der Häresie, Soziologie der Kleingruppen, frühkindliche Sozialisation, Normen und Worte der Postmoderne,

Ablösung von Autorität und Orthodoxie, Formen religiöser Aggression, Mechanismen der Legendenbildung, Architekturen der Hölle, Sinnlichkeit und Sittlichkeit.

Bei uns wird beharrlich nachgefragt und nachgedacht; Lösungen sind nicht immer in Sicht, schon gar keine schnellen und glatten, also auch keine theologisch begründeten. Bücher sind erst geplant. Im übrigen fand ich mich damit ab, für manche meiner Themen Leserinnen und Leser erst in ferner Zukunft zu finden.

Wer bei mir sogenannte Metaphysik abfragt, obgleich sich in den Buchhandlungen das einschlägige Geschwätz staut, bekommt zur Antwort: Ich bin nicht am Bekenntniszwang anderer interessiert, nutze ihn nicht aus. Ich nenne keine Rezepte, die beispielsweise denen, die den Pferch verließen, am besten sofort neues Glück, neue Hoffnung bescherten, auf ein anderes Jenseits vertrösteten. Solch seelen- und gemütspraktische Lebenshilfe mag bieten, wer will. Ich begnüge mich damit, (strukturelle) Autoritäten, Ängste, Abhängigkeiten darzustellen und die Leserinnen und Leser gleichsam indirekt darin zu bestärken, selbständige Konsequenzen zu ziehen. Meine Achtung vor dem fremden Leben ist zu groß, als daß ich mich unter dem Titel, Wegweiser, Helfer zu sein, in dieses einmischte. Weder der »Wille zum Wissen« (M. Foucault) noch der »Wille zum Helfen« treiben mich.

In dieser Weigerung sehe ich mich bestärkt durch den gegenwärtigen Boom am Psychomarkt*: Die Deutschen, ein Volk von Bittenden und Beichtenden? Ein Land im »Rausch des Bekennens«? Selbstdarsteller wie du und ich in den Medien? Freiwillige vor zum Verhör im Fernsehen? Bestseller über den »wahren Mann«, die »wahre Frau« verschlingen? Mit Psychotiteln Geld verdienen? Ohne mich.

* *Focus* Nr. 35/1993 vom 30. 8. 1993, S. 90f.

Wer meint, ich risse zuviel ab, erbaute zuwenig, sei getröstet: Zum einen beabsichtige ich, mehrere Bücher zu schreiben, die sich mit Gott und der Welt, Himmel und Hölle befassen, und auch mit dem möglichen Leben in der posttheologischen, nachkirchlichen Epoche, an deren Beginn wir stehen. Schließlich scheinen wir Armen einen neuen gesellschaftlichen Konsens zu benötigen, und, wenn es denn sein soll, auch eine Ethik des Atomzeitalters. Zum anderen bin ich so frei, auf mein eigenes Leben zu verweisen, wie es manche erfuhren, die nicht nur den Zorn meiner Bücher kennen: Nach wie vor bin ich hoffnungswilliger als alle Kleriker, die meinen Weg kreuzen.

Eine Mär von Frommen für Fromme, mehr nicht, der Mensch könne nur menschenwürdig leben, wenn er kirchengebunden bleibe. Wer sich auch nur gelegentlich umschaut, erfährt, wieviel Hoffnung Kinder und Jugendliche in sich tragen, wie sehr sie die desavouieren, die ihnen eine verderbliche Gegenwart und Zukunft bescheinigen. Im übrigen spotte ich längst über das »Wir-auch-Syndrom« der Kirche: Diese läuft mit hängender Zunge hinter den profanen Entwicklungen her, hängt sich – im bequemen Schlafwagenabteil – an fahrende Züge, beweist alles andere eher als ihre vermeintliche Schrittmacherfunktion.

Doch wer plante, trug und trägt die Umweltschutzbewegung? Gewiß nicht die Nachzüglerchristen, auch wenn sie jetzt aufwachten und sich um ihre »Schöpfung« sorgen! Wer engagierte sich für den Frieden, ging für Abrüstung auf die Straßen? Kein einziger Oberhirte, doch die Jugend der Welt. Dies zu einem Zeitpunkt, als der Papst, nach dem ausgewiesenen Kirchenkenner Ronald Reagan »die höchste moralische Instanz der Welt«, noch das Atom legitimierte und bundesdeutsche Bischöfe für Nachrüstung plädierten!

Ich bin froh, daß eine bewundernswert weitsichtige und

tapfere Jugend ihre Moral fand und bewahrte, eine Moral zumal, der keine päpstliche Pillenschwätzerei gewachsen ist. Die meisten Menschen schaffen es offensichtlich ganz gut allein, mit dem Frieden der Welt, der Natur, den Sexualitäten zurechtzukommen. Ihre Taten sprechen für sich; sie brauchen keine Wegweisung aus dem Vatikan. Kein Wunder, daß immer mehr Umfragen immer weniger Kompetenz beim Klerus festmachen.

Damit nicht der Eindruck aufkommt, ein Aufwiegler habe sich mit seiner Ruhe abgefunden, wiegle ab und mache ringsum in Freude, Friede, Eierkuchen, spreche ich über das, was mich aufregt: Die genannten positiven Seiten des heutigen Lebens und das Engagement vieler Zeitgenossen sind beileibe nicht alles. Wer wüßte alles nicht? Ich nehme nicht schmerzfrei hin, daß eine Gesellschaft wie die gegenwärtige, von Millionen engagierter Jugendlicher und Junggebliebener abgesehen, im wesentlichen teilnahmslos, gleichgültig, heuchlerisch blieb. Es liegt zuviel im argen, als daß ich mich beruhigen könnte. Meine Themen an der Universität, in Hunderten von Diskussionen durchgesprochen, beschäftigen sich immer wieder mit den schlimmen Strukturen unserer »Kultur«.

Hier, wo gemeinhin wenig klare Sicht anzutreffen ist, lasse ich kaum Gelegenheiten zum Widerspruch aus. Kritisches Bewußtsein und aufsässiges Handeln sind keine Phasenphänomene, die in der Jugend als normal gelten dürften – und als pervers im angeblich weise gewordenen Alter. Der Widerstand gegen die Unmenschlichkeiten der patriarchalen Gesellschaft kommt an kein Ende. Forsche ich nach Inhumanem, das es aufzuzeigen und zu bekämpfen gilt, begegnen mir hin und wieder Kirche und Klerus. Aber es handelt sich dabei um Randgruppen, wie der Soziologe sagt, nicht mehr, wie der Theologe glaubte, um den Nabel der Welt.

Spreche und schreibe ich über patriarchale Gesellschafts-

und Charakterstrukturen, greife ich zwar vorrangig zu Beispielen aus der Kirche, die mich Jahrzehnte gefangen hielt. Doch hoffe ich durch das Medium des Kirchlichen hindurch mehr auszusagen als klerikale Wichtigkeiten: Tiefer und nachhaltiger, als Glaube und Religion einen Menschen prägten, beeinflußt ihn – uns alle – jenes Patriarchat, dessen sorgsam versteckte Geheimgeschichte eben erst entdeckt wird. Übrigens: Daß es mehr Patriarchen und Paschas als Christen gibt und ungleich häufiger das patriarchale als das christlich beeinflußte Denken anzutreffen ist, trifft eine durchgreifende Kritik patriarchaler Strukturen und Haltungen auf größeren Widerstand als die Kirchenkritik. Sie bleibt folglich schwereren Angriffen ausgesetzt als diese.

Denkmuster und Handlungsanweisungen patriarchalen Zuschnitts beeinflussen umfassender als religiös bestimmte; sie gehen diesen voraus, entlassen sie aus sich. Theorien des Patriarchats greifen tiefer in das Leben aller Menschen ein, als kirchliche Doktrin dies, im Abendland oder sonstwo, je konnte. Die Geschichte der patriarchalen Gesellschaften ist weitaus älter als die des Christentums; auch ihre Zukunft wird weiter reichen als die der Religion. Und der Gott unserer Breiten ist nur ein Gott, den sich Patriarchen halten. Christliche Religion stellt nichts anderes als eine bestimmte (verstärkende) Ausdrucksform patriarchalen Denkens und Fühlens dar. Sie lebt im Horizont des Patriarchats, übergreift diesen an keiner Stelle, ermöglicht denn auch keine Befreiung aus ihm. Im Gegenteil: Erweist sie sich, gegenwärtig immer häufiger, als dysfunktional, werden eiskalte Patriarchen Mittel und Wege finden, sie abzulegen und durch neue, profitlicher erscheinende Ideologien zu ersetzen.

Nicht zuletzt in dieser Erkenntnis wurzelt meine Ablehnung, mich kritisch nur mit Theologie und Kirche zu befassen. Für derlei sehe ich – außerhalb des immer kleiner werdenden

Pferchs – nicht die geringste Zukunft. Auch die halbkonsequente »feministische Theologie« macht mich nicht hoffnungsfroh. Richten katholisch-theologische Fachbereiche – selbstverständlich mit dem Segen ihrer Bischöfe! – solche »Forschungsstellen« ein, wissen alle Eingeweihten, wie wenig sie davon zu halten haben: Das »Wir-auch-Syndrom« macht wieder einmal Spektakel, mehr nicht.

Amüsiert verfolge ich die Kämpfe der Meister und Meisterinnen, die sich um den Titel eines bedeutenden Theologen streiten, vielleicht um ihre wahnhafte Weltgeltung anderen als sich selbst zu beweisen und in eine Fußnote der Geistesgeschichte einzugehen. Ich sähe zu gern die langen Gesichter ihrer JüngerInnen, wenn in ein paar Jahrzehnten definitiv entdeckt ist, daß es für den Meister und die Meisterin Schande statt Ruhm bedeutete, noch gegen Ende des 20. Jahrhunderts nichts Wichtigeres als Theologie im Kopf und in der Feder gehabt zu haben.

An dieser heiklen Stelle, nirgends sonst, scheidet sich das vorwärts gerichtete Denken von dem nach hinten gerichteten. Hier, wo es keine halben Sachen gibt, werden persönliche Überzeugungen vom Tode oder vom Überleben Gottes und der Kirchen konkret. An ihren Optionen werdet ihr sie erkennen . . .

In dem Taschenbuch *Vaterliebe* (1989), meinem – vielen unbekannt gebliebenen – Lieblingsbuch, versuche ich, Strukturen und Strategien der patriarchalen Gesellschaften aufzudecken, die Nutzkrisen der Väter und Männer zu entlarven, Zusammenhänge zwischen Vatergewalt und Vaterliebe zu klären. Ich gehe den Stützen der Gewaltliebe nach, der Religion, die noch immer »im Namen des Vaters und des Sohnes« betet, und der sogenannten Pädagogik, die sich ihre Kinder herrichtet, Erziehung als geistige Zeugung deutet und Gehorsam zum Gebot kindlicher Selbsterhaltung macht.

Wer, wie üblich, »Patriarchat« bloß als Männergesellschaft deutet, greift zu kurz. Schon die Etymologie des Begriffs reicht weiter: Patriarchat heißt sich die Gewaltherrschaft jener Werteväter, die am Anfang des Lebens, Fühlens, Wissens, Handelns stehen und sich nicht nur, feministisch verengt, der Frauen bemächtigen, sondern auch und gerade der Kinder. Jener Wesen also, die frei geboren sind und niemandem zu dienen, niemanden zu befriedigen haben. Doch leben Kinder nicht in der leid- und angsterfüllten Erwachsenenwelt statt in ihrer eigenen? Wie viele werden, nach Art von Haustieren, herabgewürdigt, dem Leben ihrer Eltern Sinn zu geben, elterliche Bedürfnisse (seelisch, körperlich) zu befriedigen, den Eltern Selbstwert und Bestätigung zu vermitteln?

Was unter uns Kind heißt, ist bereits bis ins Detail den Erwartungen angeglichen, die andere Menschen, Erwachsene, von ihm haben dürfen. Daher finden wir Kleinst- und Kleinkinder, Trostpflasterkinder, Schoßhundkinder, Beziehungskistenkittkinder, Gänsemarschkinder, Kleiderständerkinder, Fernsehdrogenkinder, Prügelmädchen und -knaben, Störenfriedkinder, Ausbadekinder, Hausmusikkinder, Versuchskaninchenkinder, Leistungssportkinder. In der Bundesrepublik, einer mäßig kinderfreundlichen bis betont -feindlichen Gesellschaft, viele Millionen. Genau dies haben wir verdient; die Kinder nicht.

Die neue Forschungsrichtung »Paternologie«, die kritische, infantistische Darstellung einer Vätergesellschaft, steht erst am Anfang. Zu umfangreich, zu verdeckt sind die tausendfach zementierten Strukturen und Methoden, die es der Oberklasse der Patriarchen erlaubten, sich seit Jahrtausenden der Unterklassen Frauen und Kinder zu bedienen, in den von ihrer Ideologie Befallenen Opferhaltungen zu erzeugen, notwendigerweise lebendig Tote zu schaffen, deren sogenanntes Leben vor dem Tod sich in dienendem Gehorsam erschöpft, eine ganze Welt (u. a. Wirtschaften, Staaten, Philosophien) nach eigenen Interessen zuzurichten, Krieg um Krieg um des ideologischen, politischen und ökonomischen Profits willen anzuzetteln, »Landnahmen« als Zielvorgaben eines angeblichen Patriotismus (Nationalismus) zu definieren.

Es ist hier unmöglich, auch nur in Ansätzen darzustellen, was die neue kultursoziologische Perspektive auf unsere Gegenwart ausmacht. Allein die Hauptthese des erwähnten Taschenbuches, *Gewaltfreie Liebe gibt es nicht*, verlangte verständlicherweise eine umfassende Betrachtung. Ich kann nur auf das angeschnittene Problem verweisen. Das Büchlein enthält im übrigen ein persönliches Nachwort: Ich bin kein Übervater, verwahre mich sogar, unter die »neuen« Väter gezählt zu werden, die zur Zeit aus dem Boden schießen.

Zwar war ich zweimal im Kreißsaal dabei, schob Kinderwagen, betätige mich als Freizeitentertainer meiner Kinder, als Haushaltshilfe meiner ganztägig berufstätigen Frau. Doch weil ich zu sehen lernte, was eine bis in Kleinigkeiten hinein patriarchal genormte (»patronome«) Gesellschaft in allen Menschen anrichtete und anrichtet, weiß ich ziemlich genau, wie gut ich ins herkömmliche Bild passe. Theologie, Kirche, Religion kann ein Mensch ablegen wie ein Kleidungsstück, das zu klein, zu eng wurde, seine patriarchale Prägung nicht.

Eins noch: Ich betreibe keine Paternologie, denke nicht über ein mögliches Postpatriarchicum nach, um mich bei Feministinnen anzubiedern. Dafür ist das Thema zu wichtig. Sich als Mann in die Frauenforschung zu mischen, ist im übrigen noch nicht der letzte Schritt nach vorn: Männerforschung muß sein. Ich weiß, was ich sage, denn ich richtete an meiner Universität, an der Zigtausende das Eigentliche, patriarchal Nützliche studieren dürfen, vor Jahren so etwas wie Frauenforschung ein. Wie denn dies?

Indirekt war wieder die Kirche schuld. Kaum war meine

theologische Vergangenheit beanstandet, plante ich die Zukunft. Da ich, Beamter auf Lebenszeit, vom Bundesland weiterzubeschäftigen war, wollte ich der Staatskasse nicht nur (wie manche Kollegen) auf der Tasche liegen. Vielmehr beabsichtigte ich, zumindest ebensoviel wie die vielen Theologieprofessoren, die keiner Beanstandung bedurften, zum Glück derer beizutragen, aus deren Steuern ich – und jene – bezahlt werden. So schlug ich Ende der siebziger Jahre vor, meinen Lehrstuhl in einen für »Frauenforschung« umzubenennen. Damit hätte Nordrhein-Westfalen früher als andere Bundesländer über ein zukunftsweisendes Universitätsinstitut verfügt. Der Minister war nicht abgeneigt, doch ließ ich mich von andern umstimmen: Ein Mann könnte sich schon jetzt als Chef der universitären Frauenforschung nicht mehr halten. Zu Recht.

Was blieb: Ich ließ eine Stelle für Frauenforschung ausschreiben, verzichtete auf einen mappentragenden, fußnotenbeschaffenden und Festschriften für den Chef vorbereitenden Mitarbeiter. Aus dieser Mittelbaustelle entwickelte sich langsam eine Frauenprofessur, besetzt mit einer Frau, mißtrauisch beäugt von ein paar hundert ForschHerren.

Ich bleibe bei der Männerforschung, bin davon überzeugt, daß es neben den vielen aufgeweckten Frauen der Gegenwart Männer geben muß, die sich intensiver denn je dem fragwürdigen Dasein als »Mann und Vater« widmen. Bisher sind es, gerade in Deutschland, allzu wenige. Und viele bleiben meines Erachtens auf halbem Weg stehen, erlahmen nach den paar Jahren Reform schon wieder, geben sich als die besseren Frauen und Mütter aus, heißen sich mit allen feministischen Theorien besser vertraut als die Autorinnen, zeigen sich dem Leidensdruck nicht gewachsen, schlagen gar zurück, wehren sich gegen »Vorwürfe« der Frauen. Diesen neuen Tanz ums liebe Mannsein mache ich nicht mit, lasse mich gern von gegenwärtigen

Auch-Forschern, die bereits wieder alle Probleme im Bestsellergriff haben, pessimistisch, einseitig, außenseiterisch nennen.

Eine Frage, bitte: Wer spricht in diesen Kreisen eigens für die Kinder? Die schon in der Antike »in-fantes«, sprachlich Verstummte geheißen wurden, in patriarchalen Gesellschaften zum Schweigen verdammt bleiben, Opfer der sogenannten Erziehung zum Erwachsenen sind? Auf sie, angeblich die Menschlein auf dem Weg nach oben, die achtel-, viertel-, halbfertigen Mitmenschen soll ja erst noch das wahre, volle Menschsein warten, das der Erwachsenen, das der ganzen Männer. Wäre das Konzept nicht so miserabel, würde ich jetzt lachen.

Zum Weinen: Kinder erleiden ausnahmslos in wechselnden Nuancierungen, Stärkegraden, Familienstilen die Dressur hin zu dem obersten Erziehungsziel Erwachsensein; physische und psychische Gewalt gegen sie ist dabei nicht etwa ausgeschlossen, sondern eingeplant. Schuldgefühle, die manche Eltern hierbei bekommen, werden oft auf fremde Täter projiziert; auch lenkt es von den eigenen Problemen ab, von Rabenmüttern und -vätern aus den Medien zu erfahren. Doch die Gewalt gegen Kinder stammt ungleich weniger von Fremden als vom eigenen Vater, von der eigenen Mutter. Die Familie bleibt der Tatort, und die patriarchale Gesellschaft kann und will daran nichts ändern. Ihre Vorgaben sind durchweg von Gewalt bestimmt; sie braucht denn auch eine gewaltbetonte Erziehung.

1992 wurden, so die offiziellen Angaben des Bundeskriminalamtes, in Deutschland 42 Kinder ermordet, 30 totgeschlagen, 11 tödlich verletzt, 3975 schwer verletzt, 16 381 sexuell mißbraucht, 1575 mißhandelt, 4 entführt. Diese Angaben sind mißverständlich; die Geheimziffer liegt ungleich höher. So wird geschätzt, daß Jahr für Jahr in Deutschland 600 bis 1000

Kinder von ihren eigenen Eltern totgeprügelt werden*. Ich wundere mich nicht.

Der Sachverhalt läßt sich nicht allein mit der Überforderung der meisten Väter und Mütter erklären. Gewiß geraten viele Eltern im Erziehungsalltag mehr und mehr in eine psychische Sackgasse und greifen in einer Kurzschlußreaktion die eigenen Kinder an. Doch muß ein Kind gesellschaftlich erst nach unten definiert und in den Köpfen der Erwachsenen zum potentiellen Opfer degradiert sein, bevor es angegriffen werden kann. Gewalt richtet sich nicht gegen jene, die in der sozialen Hierarchie oben stehen, sondern gegen alle, die dem Patriarchat als Unterklasse gelten: Frauen und Kinder. Hier darf noch immer, Stufe um Stufe nach unten, Gewalt ausgeübt, erzogen, geschlagen, vergewaltigt werden; die Sanktionen sind danach.

Den meisten Menschen blieb die alte Angst vertrauter als die neue Freiheit. Mein Beruf bringt es mit sich, viele gesehen zu haben, die antraten, eine Welt zu verändern, und die unterdessen froh sind, wenn sie in einem sich gleich bleibenden Milieu unterkamen. Wie sooft vermisse ich den langen Atem, den Querdenker haben müssen. Die meisten Bücher, die zum Thema Beziehungen zwischen Mann, Frau, Vater, Mutter, Kindern geschrieben wurden, klingen mir zu optimistisch. Vielleicht brauchen ihre VerfasserInnen diesen frohen Mut, um sich an eines der schwierigsten Probleme zu wagen, die es gibt. Dabei ist nur Eselsgeduld realistisch: Was in Jahrtausenden falsch lief, kann nicht in Jahren verändert werden.

Auf der Landkarte Mann-Frau-Kind finden sich die meisten weißen Flecken. Sahara und Gobi sind durchschritten, alle Berge der Welt erstiegen, die Meere durchpflügt, doch das Alltäglichste ist am wenigsten erforscht, und offensichtlich rentiert sich hier noch nicht einmal ein Historikerstreit. Ich

* *Focus* Nr. 35/1993 vom 30. 8. 1993, S. 30f.

wundere mich nicht, daß eine Männermeute an der Macht bleibt. Sie klagt zwar zur Zeit darüber, daß »Not am Mann« sei, braucht aber ihre Worte nicht ernst zu nehmen. Patriarchen wären unklug, die Privilegien ihrer Klasse nur deswegen aufzugeben, weil Feministinnen dies wünschen. Noch sehen sie keine Veranlassung; der Druck reicht nicht, der ausgeübt wird.

Ich nenne einmal, im Überblick, »Zehn Gebote des Patriarchats«, relativ einfache Botschaften, Appelle an sich selbst, in denen Männer sich nach wie vor Mut machen. Diese Gebote sind in einem eigenen Buch *Die Angst der Männer vor den Frauen* ausgeführt. Dies bietet freilich keine psychologische Debatte, sondern eine Gesellschaftstheorie des Patriarchats.

1. Du sollst denen am meisten angst machen, vor denen du dich selbst am meisten fürchtest!
2. Du sollst dein Männerleben so leben, daß es eine Kriegserklärung an das mögliche Leben ist!
3. Du sollst verdrängen, daß du nicht wie eine Frau leben kannst und darfst!
4. Du sollst dafür sorgen, daß die wahre Bestimmung der Frauen nicht in ihrer Selbstbestimmung liegt!
5. Du sollst dir immer die leichteste Beute nehmen, die dir zur Verfügung steht: die Frau!
6. Du sollst dich gegen jede Aufklärung sperren, die nicht von deinesgleichen kommt!
7. Du sollst ein Vorbild als »männlicher Mann« sein und so den einzigen Weg zur Emanzipation der Frau zeigen!
8. Du sollst dir selbst eine Welt und einen Gott schaffen, die dich die Angst vor dem Leben der Frau ertragen lassen!
9. Du sollst immer neue Maschinen erfinden, die die Frauen unproduktiv machen!
10. Du sollst deine Gewalt gegen Frauen immer als Liebe ausgeben!

Nicht, als seien diese Appelle Ergebnis soziologischer Denkspiele am Schreibtisch. Das Gegenteil ist wahr, schlimm, alltäglich. Seine Konkretionen in Milliarden von Männern auf der Welt machten nicht nur die Vergangenheit unmenschlich, sondern lassen auch für Gegenwart und Zukunft nicht viel Gutes hoffen.

gestern
galt die zukunft

heute
macht sie angst

morgen
lebt sie auf

überlebende
neues atom

Ich neige auch hierin zu pessimistischen Perspektiven, sehe mich allzuoft durch die Ereignisse bestätigt, weiß nicht zu sagen, ob die Gattung eine Chance auf Überleben hat. Vieles spricht dafür, daß sich die Natur ihr Recht von denen zurückholt, die es ihr stahlen, den Menschen, genauer: den Patriarchen, nicht den Frauen, nicht den Kindern. Wäre es für sie nicht besser, sie würde eines nicht allzufernen Tages ohne die Täter leben, friedlich, selbstbestimmt, ungefährdet?

Kann sie es sich zum Beispiel erlauben, einfach zuzusehen, wie Mannmenschen mit ihren, der Natur, Tieren umgehen? Soll ich neueste Beispiele aus Spanien nennen, dem katholisch-stolzen Land, Exempel der Tierfolter, die von Bildern belegt sind, auf denen nur Männer agieren* ? In einem kleinen Ort am

* *Hör zu*, Nr. 32/1993 vom 6. 8. 1993, S. 20–22.

Mittelmeer wird, als Höhepunkt eines Festes, in aufgeräumtester Stimmung, ein Feuerwerk abgebrannt, am lebenden Opfer. Die Hörner eines Stieres, so schmerzempfindlich wie unsere Fingerkuppen, brennen lichterloh. Das Tier brüllt, die Peiniger lachen. Eine gelungene Fiesta: Sind die Hörner abgebrannt, wirft die Bande das Tier ins Meer. Es darf endlich sterben.

In einem anderen Dorf klettern junge Männer auf den Kirchturm. An einem Seil zappelt eine Ziege. Loslassen, köstliches Amüsement, das Tier landet zerschmettert auf dem Boden vor der Kirche; der Pfarrer hat nichts dagegen, er lädt zum Mahl. Im dritten Dorf baumeln lebende Gänse kopfüber von einem Seil. Um das Spiel zu gewinnen, müssen Berittene im Galopp den Hals der Tiere greifen und ihnen das Genick brechen. Im vierten schwirren Hunderte von nadeldünnen Pfeilen durch die Luft; die Dorfbewohner haben Blasrohre angesetzt und zielen auf einen Stier. Die Hinrichtung endet mit der Kastration des Tieres. Im fünften Dorf haben die Männer ihren Spaß, wenn sie Hühner, die bis zum Kopf eingegraben sind, mit Steinen traktieren und mit Knüppeln köpfen. Im sechsten hat ein Esel keine Chance, seinen Peinigern zu entgehen: Er wird bespuckt, beworfen, angesprungen, bis er zusammenbricht. Im siebten hält die Osterprozession vor einem großen Baum, an dessen Äste Tongefäße geknüpft sind. Bis vor kurzem waren hier Eichhörnchen und Katzen eingesperrt, inzwischen, Fortschritt der Zivilisation, sind es Tauben. Zu den Klängen der Nationalhymne schleudern fromme Bürger Steine nach den Gefäßen, bis die Tiere herausfallen, zerschunden, entwürdigt, tot.

Wieder erhebt der Gemeindepfarrer keine Einwände, deutet das Geschehen gar als Sinnbild des menschlichen Kampfes gegen die Sünde. Wie lange mag es dauern, bis sich selbst in den Köpfen der katholischen Patriarchen jene Einsicht durchgesetzt hat, die sich unter anderen, freilich »Unfrommen«, schon verbreitete? Noch immer gelten ja die Tiere, deren Unschuld doch unvergleichlich ist, der Liebesreligion als bloße Opfer- und Schlachtobjekte. Der Sprecher der Deutschen Bischofskonferenz nannte sie neulich, ohne Quellenangabe, seelenlos. Offenbar meinte er, seinesgleichen, mit »Seele« begabt, habe da drüben irgendeinen Vorteil gegenüber einem Meerschweinchen zu erwarten. Diesen feinen Unterschied sollte er einmal einem Kind erklären, das soeben sein Zwergkaninchen verlor.

Auch gegen diese Spielart der Himmelsselektion – auch Frauen oder Indios wurde zuzeiten in der katholischen Diskussion die Seele abgesprochen! – melde ich schwerste Bedenken an. Muß denn ein Mensch erst Tiere liebgewonnen – und verloren! – haben, um menschlicher als ein christlicher Theologe zu urteilen? Lebte der Mensch überhaupt, dem kein Tier jemals seine Freundschaft schenkte? Sollen ausgerechnet Tiere für ihre unzähligen Leiden ohne Ersatz bleiben, während es die Täter, Tierquäler schließlich doch noch in den Christenhimmel schaffen? Ist für Hunde, die aus Gram über den Tod ihres Herrchens oder Frauchens sterben oder in den Tod gehen, um ein Kind zu retten, im Jenseits, wie es die Deutsche Bischofskonferenz vorstellen läßt, kein Platz? Gibt es keine Tiere, die fühlen, leiden, lieben?

Gewiß finden sich Tierverächter auch außerhalb des Abendlandes, da patriarchales Denken und Fühlen spezifische Ausbeuterqualitäten und Selektionsmechanismen aufweist. Doch gelang es dem Christentum in zweitausend Jahren nicht, eben diese Ideologien zu überwinden. Im Gegenteil. Auch in Sachen Tier stützen Christenethiken die Vorgaben des Patriarchats, statt das Denken und Handeln der Menschen von ihnen zu befreien. Mitleidlosigkeit gegen Tiere ist, in Theorie und Praxis, nach meiner Erfahrung ein Kennzeichen gerade jener, die ständig die »Schöpfung« im Munde führen.

Andere Religionen und Weltanschauungen sind den Christen weit voraus. Das wundert mich nicht, zumal selbst der angebliche Stifter des Christentums sich Tieren gegenüber nicht gerade als Vorbild des Menschseins zeigte: Er schwieg, verharmloste oder diffamierte gar durch Vergleiche*.

Weil ich weiß, wie sehr patriarchales Denken Täter liebt und Opfer benötigt, bleibe ich auch gegen die meisten Reden vom Frieden skeptisch. Wir Menschen in Mitteleuropa blieben – bisher, seit dem Zweiten Weltkrieg – von Kriegen verschont. Wer meint, das müsse so sein oder bleiben, das hätte unsere Politik gar verdient, täuscht sich und andere. Die Patriarchen auch unserer Welt, am Kabinetts- wie am Stammtisch, in Hütten und Palästen, bleiben ihrer aggressiven Tradition treu. Der ganz gewöhnliche Vorrang des Militärischen liegt ja vor aller Augen, wird eigens zelebriert: Die Patriarchen da oben können es sich unter anderem leisten, bei Staatsbesuchen Ehrenformationen abzuschreiten und Salutkanonen abfeuern zu lassen. Das Protokoll, welches bitte?, will es so. Könige, Prinzen, Prinzgemahle sind militärisch ausgebildet, tragen Uniform, Orden, Lametta, werden in dieser Montur vereidigt, verheiratet, beerdigt. Ohne daß sich da unten, bei den Kumpanen im Patriarchat, nennenswerter Widerstand regte. Ich nehme an, die meisten Komplizen zerrissen sich erst ihre Mäuler, gelangte einmal – durch bedauerlichen Zufall – ein Philosoph auf den Thron, ins Präsidentenamt.

Als der Golfkrieg bewußt geplant und begonnen wurde, nicht etwa »ausbrach« wie das Naturereignis Vulkan, sah ich viele Studierende in der Vorlesung weinen. Sie waren in ihrer Hoffnung schrecklich getäuscht worden, mit dem Ende des kalten Krieges sei gleichsam ein Ende aller Bedrohung der

* Vgl. G. Streminger, Gottes Güte und die Übel der Welt. Das Theodizieeproblem (Tübingen 1992), S. 105f., 148, 168, 219, 235, 308, 316 und 373.

Menschen durch Menschen gekommen. Ich machte mir Vorwürfe: Erfuhren Studentinnen und Studenten bei mir so wenig über die patriarchale (und durchaus papstgestützte!) Kultur, die so offensichtlich seit jeher ihre Kriege braucht?

krieg
zu sagen wäre ehrlich
auf dem petersplatz im weißen haus

krieg
ist auf der welt
in der ersten zweiten dritten vierten

krieg
auch in den kirchen
in der ersten zweiten dritten vierten

krieg
heißt die erklärung
alle liebten sich

krieg
schützen und gräben blieben
zwischen arm reich nord süd mann frau

krieg
nicht konflikt krise spannung
und wie das sonst noch lügen darf

Ich hoffe, mir ist vergönnt, auch künftig gesellschaftliche Lügen als Lügen – und nur als Lügen – zu bezeichnen.